La Troisième

Révolution Industrielle

Iconomie entrepreneuriale et
métropolisation de la croissance

Comment la France peut réussir
dans la transformation du monde

par

Christian Saint-Etienne

éditions Contemporary Bookstore

Christian Saint-Etienne

Professeur titulaire de la Chaire d'économie industrielle au Conservatoire National des Arts et Métiers depuis 2009, après avoir enseigné à l'Université Paris-Dauphine de 1989 à 2009. A travaillé au FMI, à l'OCDE et au Conseil d'Analyse Economique.

Docteur d'Etat ès sciences économiques

Master d'économie mathématique de Carnegie Mellon University

Master d'économie de la London School of Economics

Auteur de 9 essais et 21 livres universitaires et techniques. Dernier essai : « France 3.0 : Agir, espérer, réinventer » aux Editions Odile Jacob, Janvier 2015

Christian Saint-Etienne a obtenu 11 prix universitaires et académiques pour ses travaux

Table des matières

Introduction

Grâce aux travaux d'Angus Maddison pour l'OCDE[1], nous savons que l'économie mondiale a essentiellement stagné de Jules César à la Révolution française. Sur cette période, le niveau de vie a été précisément multiplié par deux en dix-huit siècles, soit une progression annuelle infinitésimale, et l'espérance de vie a stagné à 25 ans.

Depuis la première révolution industrielle des années 1780, le niveau de vie a été multiplié par vingt et l'espérance de vie par trois !

Ainsi, après deux millénaires de stagnation, voire cinq millénaires en étendant les résultats de Maddison au début de l'Antiquité, la condition humaine a été bouleversée en deux siècles par deux mutations techniques, les révolutions industrielles des années 1780 et 1880. Ces mutations sont techniques, politiques et culturelles et sont associées aux principales révolutions politiques et sociales modernes.

Une troisième mutation technique, politique et culturelle a commencé dans les années 1980 et s'accélère depuis les années 1990. L'informatique, la microélectronique et l'Internet se conjuguent pour transformer nos systèmes de production, de distribution, d'acquisition et d'échange des informations. Nous

---

[1] Maddison : « L'économie mondiale : statistiques historiques », OCDE, 2003.

sommes entrés dans le Monde 3.0 de la Troisième Révolution Industrielle.

Cette mutation technique produira vraisemblablement ses effets au cours des 5 à 6 prochaines décennies. Comprendre la mutation en cours est donc vital, non seulement pour en tirer parti afin de redéployer nos énergies, mais aussi et tout simplement pour ne pas être balayés par cette transformation du monde.

En effet, cette nouvelle mutation du système technique conduit à une nouvelle hiérarchisation des puissances. L'Europe doit prendre garde à ne pas être balayée dans le Monde 3.0.

La mutation du monde : Un nouveau système technique

Le monde est en train de connaître trois mutations qui redessinent les rapports de force au sein de l'économie mondiale et en Europe. Analysons comment ces changements bouleversent notre environnement politique, économique et social.

Ces trois mutations, à l'œuvre depuis les années 1980, connaissent une forte accélération depuis une quinzaine d'années. D'abord, mutation centrale, émerge un nouveau système technique, le troisième en un peu plus de deux siècles.

A cela s'ajoutent deux mutations complémentaires : un nouveau système de financement de l'économie se met en place tandis que la métropolisation de la croissance bouleverse l'organisation des territoires. Au total, **le monde connait une grande Transformation** dont il faut prendre la mesure.

I - L'émergence d'un nouveau système technique

Il y a trente ans, la Triade, constituée de l'Amérique du Nord, de l'Europe de l'Ouest et du Japon, représentait 60 % du produit intérieur brut mondial (PIB) en parité des pouvoirs d'achat (PPA). Aujourd'hui, ces mêmes pays ont un PIB inférieur à la moitié du PIB mondial. Dans quelques années, cette proportion sera tombée à moins de 40 %. Ainsi, la Triade, qui avait maintenu son poids relatif dans le PIB mondial autour de 60 % de 1910 à 1980, devrait perdre un tiers de cette puissance relative entre 1980 et 2020. Plus de la moitié de cette régression est déjà accomplie et le rythme du recul s'accélère. La Chine a occupé une grande partie du terrain perdu par la Triade.

Comment expliquer ces évolutions et leur rapidité ? Nous sommes entrés, depuis le début des années 1980, dans un monde marqué par la troisième révolution industrielle. Mais qu'appelle-t-on révolution industrielle ?

Ingrédients de la Première révolution industrielle

Pendant les trois siècles du XIe au XIIIe, on assiste à une nouvelle éclosion de l'Europe après les reculs des siècles précédents. Les menaces extérieures se dissipent, les routes redeviennent praticables. La productivité agricole augmente grâce à des outils plus nombreux et plus efficaces (les pelles, bêches, araires sont ferrés, les herses apparaissent, le collier de cheval et le moulin à eau se répandent). On assiste à une augmentation des terres cultivées et de la population.

Avec le renouveau urbain et commercial, les villes reviennent au centre de l'histoire européenne. Alors que les cités antiques étaient plus des lieux de consommation que de production, les villes de cette époque sont des centres de production, de commerce, d'échanges intellectuels. L'invention de l'imprimerie par Gutenberg vers 1440 (caractères mobiles) conduit à la première Bible à large diffusion relative vers 1455. On passe d'une offre de 120 manuscrits par an au XVIe siècle à 20 millions de livres imprimés en 1790.

La peste bubonique du XIVe siècle réduit la population européenne d'un tiers (25 millions de personnes), conduisant à une rareté relative de l'homme par rapport à la terre ce qui libère progressivement les paysans des servitudes passées. D'autant plus que les progrès des techniques militaires (notamment les canons entre 1450 et 1550) réduit l'intérêt des châteaux forts. Le pouvoir royal peut seul assurer la sécurité collective. Le féodalisme recule rapidement après la Grande Peste (1346-1353) puis la fin de la Guerre de Cent Ans (1337-1453) entre la France et l'Angleterre pour des raisons économiques et militaires. En France, à partir d'Henri IV, l'affermissement du pouvoir royal et le rétablissement de la paix extérieure (traité de Vervins, 1598, fin de la guerre franco-espagnole) et de la paix religieuse (Edit de Nantes de 1598), permet un nouvel essor économique.

Si la peste et les guerres du XIVe avaient cassé l'essor des XIe au XIIIe, il reprend donc pendant les quatre siècles suivants du XVe au XVIIIe siècle. La révolution copernicienne intervient en 1543, les principes philosophiques de Descartes en 1644 et les principes mathématiques de Newton en 1687 : c'est le triomphe de la raison, de la science, notamment la science expérimentale qui permet l'essor des technologies.

Progressivement se met en place un nouvel équilibre des puissances autour des Etats-nations. Après le partage de l'empire de Charlemagne en 843, les conflits incessants avaient freiné le développement économique et social. Il fallut attendre la paix d'Utrecht pour trouver un nouvel équilibre entre la France, le Royaume-Uni et l'Espagne : les traités d'Utrecht (1713-1715) mirent fin à la guerre de Succession d'Espagne. Philippe V conservait la couronne d'Espagne mais renonçait à celle de France. L'intégrité du territoire français était préservée mais Louis XIV abandonnait plusieurs places (Tournai, Ypres, etc) aux Provinces Unies, il reconnaissait la succession protestante en Angleterre et l'Electeur de Brandebourg comme roi de Prusse. L'Angleterre recevait d'importantes bases maritimes (Gibraltar, Minorque, Terre-Neuve, Acadie).

Sur le plan socio-politique, à partir de 1500, dans l'ouest de l'Europe, les paysans sont libres, peuvent se marier légalement et devenir propriétaires de leurs terres. La justice royale protège les paysans. A partir de 1650, l'Etat devient progressivement le seul détenteur de la violence légale (Hobbes, Léviathan, 1651). A partir de 1750, la propriété des biens devient effectivement une valeur politique et philosophique, un des fondements de la liberté des personnes (après Locke, Essai sur l'entendement humain, 1690, et Lettres sur la tolérance, 1689). L'équilibre des pouvoirs (Montesquieu, De l'Esprit des Lois, 1748) sera au fondement des révolutions politiques libérales en France (1789) et aux Etats-Unis (Constitution de 1787).

Les Lumières du XVIIIe siècle se sont orientées vers une science expérimentale qui a donné les soubassements scientifiques nécessaires à l'essor d'un système technique cohérent à partir des années 1780. Ce système peut s'appuyer sur un début de compréhension systémique de la Nature, commençant ainsi à réaliser le programme de recherche proposé par Francis Bacon dans le Novum Organum (1620) qui vise à établir les bases de la science expérimentale moderne.

Que change la première révolution industrielle ?

Au milieu du XVIIIe, la machine à vapeur de James Watt - une amélioration de l'invention de Denis Papin qui a réalisé un prototype de machine à vapeur à piston en 1690 -, inventé pour pomper les mines, va avoir de multiples autres usages. Principales améliorations de Watt à la machine à vapeur : condenseur en 1769, action alternative de la vapeur sur les deux faces du piston en 1780, volant, régulateur à boules, etc. Sadi Carnot propose la théorie de la machine à vapeur en 1824 et montre que la différence de température est une source d'efficience. On pourra développer l'industrie textile, les chemins de fer, puis les bateaux à vapeur. La mécanisation du monde peut s'enclencher. Entre 1760-1800 et 1800-1830, la croissance globale annuelle passe de 0,3-0,5% (selon les estimations) au triple (accord sur le triplement). Surtout la croissance industrielle double de 1,5% à plus de 3% par an. L'emploi industriel en Angleterre passe du tiers de l'emploi masculin en 1800 à la moitié en 1840.

De même, en 1733, le tisserand John Kay invente une machine à tisser qui permet de tisser des largeurs plus grandes et plus vite que les tisserands manuels. Le filage progresse en 1764 avec la machine à filer d'Arkwright, la *waterframe*, qui permet aux ouvriers d'actionner huit, puis seize, puis soixante broches à la fois avec l'énergie hydraulique. La machine fait ensuite appel à la vapeur avec un perfectionnement apporté par Watt en 1777. L'industrie chimique permet ensuite le blanchiment au chlore, en 1774, grâce au procédé de Nicolas Leblé. Le blanchiment fonctionnait jusque-là à la soude qui est plus rare. Les premières teintures chimiques sont inventées à partir du milieu du XIXe siècle. L'Angleterre prospère grâce à quelques secteurs : textile, sidérurgie, puis construction mécanique puis navale.

La révolution industrielle permet de surmonter les prédictions de Malthus. La population anglaise double de 1800 à 1850 et le revenu s'élève de 10%, ce qui est rendu possible par les exportations de produits industriels et notamment textiles pour importer des produits agricoles. Il faudra attendre le dernier tiers du XIXe siècle pour que des engrais performants permettent d'améliorer la productivité agricole. Les exportations représentent plus de la moitié de la production industrielle anglaise dès 1830. Malthus est vaincu par l'échange international puis par le progrès technique. L'importance du charbon sur le sol britannique a contribué à cet essor.

Maquette de révolution industrielle

En un siècle, de 1780 à 1880, la société industrielle a remplacé la société rurale. Cette première révolution industrielle est dominée par les petites et moyennes entreprises (PME). Avec la deuxième révolution industrielle (électricité et moteur à explosion, chimie) apparaissent les grandes entreprises en Allemagne et les entreprises géantes aux Etats-Unis (sidérurgie, pétrole, électricité, transports, etc.).

La révolution industrielle se maintient car la science a pris le relais des intuitions des inventeurs pour systématiser le progrès accompli. Mais elle a été aussi rendue possible par la création de l'Etat de droit moderne au XVIIIe siècle en Angleterre, puis en France. Les droits de propriété sont codifiés et les Etats-nations investissent dans les infrastructures et l'éducation. La division du travail dans la PME est une invention organisationnelle majeure tandis que se développe la division internationale du travail basée sur l'échange. Les sciences du management apparaissent au début du XXe siècle pour administrer les grandes entreprises qui résultent de la deuxième révolution industrielle.

Il faut noter le rôle central de l'entrepreneur et du lien inventeur – entrepreneur – financeur (lien IEF) dès le début de la révolution industrielle. La phase de la grande entreprise, dans des économies qui sont surtout nationales jusqu'en 1980, semble marginaliser le rôle du trio IEF avant qu'il ne retrouve un rôle clé à partir de la troisième révolution industrielle qui prend son essor dans les années 1980.

Il apparaît que les deux premières révolutions industrielles – celles des années 1780 avec la machine à vapeur et celle des années 1880 avec l'électricité et le moteur à explosion– ont été précédées par une série d'innovations techniques, souvent isolées les unes des autres au cours des trois décennies précédant la décennie au cours de laquelle elles se conjuguent pour provoquer le début d'une mutation technique. Elles se sont ensuite déployées sur un demi-siècle avant de se consolider au cours du demi-siècle suivant. Dans le premier demi-siècle, les évolutions techniques sont spectaculaires et transforment les appareils de production et de distribution des biens et services. C'est dans le deuxième demi-siècle de ces mutations techniques que leurs bienfaits ont bénéficié aux populations des pays à la pointe de ce progrès industriel. Bien sûr, cette césure n'est pas aussi nette selon les grappes d'innovation et les classes supérieures bénéficient rapidement des innovations au cours du premier demi-siècle, mais la diffusion des deux premières révolutions industrielles aux grandes masses de la population s'accentue bien à partir des années 1820-1830 pour la première et 1920 pour la seconde. La crise de 1929 bloque l'accélération de ce processus qui reprend d'autant plus fortement après la guerre. La longueur des phases de déploiement et de consolidation tient à un ensemble de facteurs lié aux interactions entre sciences et techniques, à la dissémination des avancées techniques et aux stratégies des entreprises, à l'éducation et à la formation de tous les acteurs de ces révolutions techniques, à l'intégration des révolutions techniques dans les systèmes culturels, juridiques et politiques, aux régulations sociales et aux rapports de force dans le partage de la valeur ajoutée. L'extrême complexité des interactions entre tous ces facteurs ne permet pas de prévoir si ces durées de déploiement et de consolidation doivent nécessairement se répéter à l'avenir.

Observation 1 : Compte tenu des développements précédents, semble apparaître ce que l'on peut appeler une « maquette » de révolution industrielle, qui serait la quintessence observable des deux premières. Selon cette maquette, une révolution industrielle se déploie en deux demi-siècles. Le premier au cours duquel se développe le système de production et de distribution transformant les innovations techniques majeures en produits et services abordables par un nombre suffisant de clients. Ces derniers forment alors la « classe moyenne », cette dernière étant définie par la population en mesure d'acheter les produits issus de cette révolution, en notant que ses membres sont employés en nombre croissant dans le système de production et de distribution qui se développe. Apparaît donc un jeu dynamique entre l'offre de produits et services abordables et leur demande par ceux qui travaillent à les produire et les distribuer. Le second demi-siècle voit s'affirmer cette classe moyenne qui fournit la « demande » correspondant à la nouvelle « offre » créée par la révolution industrielle. Et de fait, la classe moyenne « acheteuse » atteint 30 millions de personnes dans les années 1830 en Europe de l'Ouest, au cœur de la première révolution industrielle, pour croître rapidement jusqu'aux années 1870, où elle dépasse 60 millions de personnes avant de doubler au début du XXᵉ siècle. Cette classe moyenne se développe rapidement en Europe de l'Ouest et en Amérique du Nord jusqu'aux années 1920, ces « années folles » de consommation et de libération des mœurs, puis voit son essor interrompu par la crise de 1929 et la Deuxième guerre mondiale avant qu'il ne reprenne dans les années 1950. La classe moyenne « acheteuse » des produits et services de la deuxième révolution industrielle atteint 500 millions de personnes dans les années 1970 au sein de la Triade.

Nous émettons à présent l'hypothèse, sur la base de cette intuition de « maquette » de révolution industrielle, trente ans après le début de la troisième révolution industrielle au cours des années 1980 – qui est analysée dans la suite -, qu'il n'est pas déraisonnable de supposer que ces phases et durées peuvent se reproduire. Il est donc relativement sensé, ou à tout le moins intellectuellement utile, de considérer que la troisième révolution industrielle pourrait se déployer sur la période 1980 – 2030 en termes d'innovations techniques faisant apparaître de nouveaux produits et services dont le prix baisse continuellement, avant de se consolider au cours du demi-siècle suivant pendant lequel une nouvelle classe moyenne achètera massivement des voitures électriques autoguidées à bon marché, des bio-organes permettant de remplacer des organes défaillants, des objets connectés obéissant à la voix de leur maître, etc. Cette hypothèse de maquette temporelle sert essentiellement de guide pédagogique pour comprendre les mutations en cours. Mais si elle devait se vérifier, nous serions dans la phase de déploiement de la troisième révolution industrielle alors que l'élévation du niveau de vie dans les pays émergents permet d'anticiper la constitution d'une classe moyenne mondiale passant de 1,8 milliard de personnes en 2014 à 4,6 milliards de personnes au début des années 2030, l'essentiel de cet essor s'opérant après 2020. Avec les classes supérieures, la population mondiale à moyen et fort pouvoir d'achat passerait de 2 milliards de personnes en 2014 à 4,9 milliards au début des années 2030[2]. Les bénéfices de cette troisième révolution industrielle se généraliseraient à ces classes moyennes et supérieures pendant un demi-siècle à partir de 2025-2030. Bien sûr, ce schéma peut être bouleversé par des guerres ou mutations non envisageables aujourd'hui. Il s'agit seulement de donner ici une idée de l'ampleur des mutations en cours. Mais à partir des années 2020, et plus encore après 2030, il y aura bien une demande forte exprimée par 5 milliards de consommateurs (contre moins de 200 millions dans les années folles !) correspondant à l'offre de nouveaux biens et services en train d'émerger dans les années 2010.

---

[2] Prévisions du Programme des Nations Unies pour le développement (PNUD), 2013.

Critères d'évaluation d'une « révolution industrielle »

J'ai utilisé, comme allant de soi, le terme de révolution industrielle qui est souvent contesté. La principale erreur serait de supposer qu'une révolution industrielle se produit en totalité dans la décennie qui sert pour l'identifier. Comme je l'ai déjà noté, les grappes d'innovation, qui vont s'entre-féconder pour déclencher une mutation technique, émergent dans les deux à trois décennies qui précèdent la décennie dite de révolution industrielle et continuent de prospérer ensuite pendant des décennies. Dire que la première révolution industrielle date des années 1780 signifie donc qu'elle se déclenche dans les années 1780, sous l'effet des « grappes d'innovation de ruptures » (voir section suivante) avant de se déployer jusqu'à la prochaine révolution industrielle.

Rappelons également que, selon les travaux de l'OCDE sous la direction d'Angus Maddison[3], le niveau de vie des habitants de la planète a été multiplié par deux du début de notre ère jusqu'à la première révolution industrielle, un doublement en 18 siècles invisible pour les contemporains, avant d'être multiplié par 20 de 1800 à l'an 2000, tandis que l'espérance de vie était multiplié par 3. Les raisons du déclenchement de la première révolution industrielle au Royaume-Uni dans le dernier quart du XVIIIe siècle, puis en France et en Allemagne juste après, appartiennent à un sujet d'études passionnant qui continue d'évoluer.

Observation n°2 : La diffusion d'une révolution industrielle s'évalue selon trois approches : 1/ les mutations en

---

[3] L'économie mondiale : statistiques historiques, OCDE, 2003.

termes de sources d'énergie, de modes de transport des hommes et des marchandises et d'échange des informations et des idées, 2/ les mutations en termes d'urbanisation, d'éducation et de relations sociales, 3/ l'assimilation des innovations par l'ensemble des entreprises et l'évolution de la productivité globale des facteurs (PGF) de production, notamment sous l'effet du progrès technique et de l'adaptation des forces productives. La progression de la PGF mesure la quantité de production supplémentaire qui résulte d'une meilleure utilisation du travail et du capital au cours du temps et donc le revenu supplémentaire que l'on peut partager chaque année entre les différentes catégories de la population.

Selon la première approche, il y a bien mutation des sources d'énergie pour chacune des révolutions industrielles : apparition de la vapeur avec la première, de l'électricité avec la seconde et des systèmes énergétiques info-gérés, faisant de plus en plus appel aux énergies renouvelables et à la transformation des déchets, avec la troisième. Mêmes transformations pour les modes de transport des hommes et des marchandises : chemin de fer et locomotive à vapeur pour la première, locomotive électrique et moteur à explosion puis à réaction pour la seconde, drones et voitures autoguidées pour la troisième qui devrait continuer de se déployer sur les prochaines décennies. Les transformations en termes d'échange d'informations et d'idées sont tout aussi spectaculaires : courrier et télégraphe pour la première, téléphone, télex, fax et radio - télévision pour la seconde, Internet avec une mise en réseau généralisée des ordinateurs pour la troisième.

Selon la deuxième approche, il y a bien mutation en termes d'urbanisation pour chacune des révolutions industrielles : augmentation de la proportion de la population vivant dans des villes en Europe de l'Ouest avec la première, apparition des grandes concentrations urbaines et construction en hauteur avec la seconde, urbanisation généralisée dans le monde et mutation de systèmes urbains devenant le tremplin du nouvel écosystème industriel avec la troisième (voir plus loin sur ce point clé). L'urbanisation est le principal facteur de transformation des macro-modes de consommation, cette dernière ayant une composante collective, notamment par imitation, de plus en plus importante. Pour ce qui est de l'éducation : mise en place d'un système d'éducation complet, en Europe de l'Ouest, avec la première, généralisation de l'école publique obligatoire dans le monde industriel avec la seconde, généralisation de l'enseignement supérieur et développement de l'enseignement sur Internet pour la troisième. Pour les relations sociales : apparition d'un prolétariat industriel tandis que les bourgeoisies des pays développés se côtoient directement avec la première, apparition des classes moyennes scolarisées, bénéficiant de droits politiques, économiques et sociaux de plus en plus nombreux, comme élément central des systèmes démocratiques, avec une transformation de la famille et des droits des femmes pour la seconde, émancipation de tous les groupes sociaux et apparition d'une classe moyenne mondiale pour la troisième.

Les économistes attachent une grande importance à la troisième approche. La productivité globale des facteurs (PGF) est statique avant 1780 et progresse, au Royaume-Uni et aux

Etats-Unis qui sont en pointe du progrès technique, autour de 0,1% par an entre 1780 et 1830, puis à un rythme annuel à peine supérieur à 0,2% par an de 1830 à 1880, puis de l'ordre de 0,5% par an de 1880 à 1950 et de 1% par an de 1950 à 1990, période de rattrapage après la Deuxième guerre mondiale[4]. De 1990 à 2000, la PGF a atteint en moyenne 1% l'an dans les principaux pays développés avant de revenir, depuis l'an 2000, à 0,5% par an aux Etats-Unis, autour de zéro en Allemagne et d'être en baisse en France. La PGF ré-accélère doucement aux Etats-Unis dans les dernières années même si son rythme reste plus faible que de 1950 à 2000. Toutefois, la seule productivité du travail, aux Etats-Unis, dont le rythme annuel de croissance était passé de 1,5% dans les années 1980 à 2,1% dans les années 1990 et 2,6% dans les années 2000, est retombé à 0,2% dans les années 2010[5]. Ceci trouble énormément les spécialistes de la croissance qui notent, qu'apparemment, on voit des ordinateurs partout sauf dans les chiffres de la croissance (paradoxe pointé par Robert Solow), ce qui pourrait signaler « l'entrée dans une stagnation séculaire » selon les termes de Larry Summers, un économiste américain. Qu'en penser ?

Comme je viens de l'expliciter, il n'y a pas une mais trois approches permettant de caractériser une révolution industrielle et d'analyser sa diffusion. L'évolution de la PGF n'est pas l'élément unique d'appréciation d'une révolution industrielle puisqu'elle est la part de la croissance qui ne s'explique pas par

---

[4] Sources : calculs de Prager et Thisse (Economie Géographique du développement, La Découverte, 2010) et Patrick Artus (note 517, Natixis, 2014).
[5] Voir notamment *The Economist*, 19 juillet 2014. Il s'agit de la 'non-farm business productivity'.

la hausse de la quantité des facteurs travail et capital utilisés au cours du temps. Autrement dit, la PGF est le résidu statistique censé mesurer les effets de la mise en mouvement des hommes par l'éducation et les changements d'organisation sociale et productive. Les mutations dans l'urbanisation, les sources d'énergie, les modes de transport des hommes et des marchandises et de diffusion des informations et des idées sont tout aussi importants dans l'analyse d'une révolution industrielle. La PGF, comme la croissance, mesure l'évolution de la production des biens et des services pris en compte par les statisticiens mais n'appréhende pas, ni directement, ni complètement, les mutations relevant des autres approches mentionnées ici. Par exemple, si vous achetez un billet de train ou d'avion sur Internet en évitant de vous rendre devant un guichet et de faire la queue, le gain de temps et l'économie de moyens n'est pas pris en compte dans la croissance et la PGF. De plus, la PGF évolue souvent avec retard par rapport aux mutations en cours dans les domaines relevant des deux premières approches puisqu'elle se « traîne » de 1780 à 1880 au Royaume-Uni et aux Etats-Unis (augmentation annuelle minuscule comparable à ce qu'elle est aujourd'hui) et augmente modestement aux Etats-Unis (et à peine plus vite au Royaume-Uni) jusqu'à la Deuxième Guerre mondiale alors que ces deux pays sont à la pointe, respectivement, des première et deuxième révolutions industrielles et que le Royaume-Uni est la première puissance mondiale au milieu du XIXe siècle, grâce à sa maîtrise de la première révolution industrielle. Les Etats-Unis sont la première puissance mondiale à partir du début du XXe siècle jusqu'à aujourd'hui grâce à leur maîtrise de la deuxième révolution industrielle jusqu'aux années 1980 et à leur maîtrise de la troisième révolution industrielle depuis les années 1980 et 1990.

Le point clé est donc que la progression de la PGF s'enclenche avec la 1ère révolution industrielle et se maintient à 0,5% par an aux Etats-Unis de 1880 à 1950 avant de revenir à ce niveau depuis l'an 2000, après une période de croissance plus rapide dans la deuxième moitié du 20e siècle. La PGF semble donc progresser toujours plus vite dans le deuxième demi-siècle d'une révolution industrielle que dans le premier. Il est clair également que la PGF dans les pays développés est affectée par la mutation du monde en cours depuis 1990. Les deux premières révolutions industrielles se sont produites dans la Triade alors que la troisième se mondialise et que les émergents assurent la moitié de la production mondiale de biens et services depuis 2012. La montée en puissance des émergents depuis les années 1980, au moment où se déclenche la troisième révolution industrielle, avant de connaître une accélération depuis l'entrée de la Chine à l'Organisation mondiale du Commerce (OMC) en 2001, affecte le partage de ce que l'on peut appeler « la rente mondiale d'innovation » qui est au cœur de l'évolution de la PGF. Il va donc falloir une ou peut-être encore deux décennies pour mieux apprécier l'évolution de la PGF dans les pays développés et dans le monde. En attendant, les deux premières approches sont un guide plus fiable pour appréhender la mutation technique en cours et les transformations du monde qui vont en découler que la simple évolution de la PGF. Cette dernière est un résidu statistique *ex-post* plutôt qu'un moteur *ex-ante*.

Ce débat a été relancé en France par une étude préparatoire du Conseil d'analyse économique (CAE) qui abaisse la croissance potentielle de notre pays de 1,6% par an à 0,9% par an. Cette maigre croissance suppose que les gains de productivité ne seront que de 0,7% par an, que la croissance de la population en âge de travailler sera nulle et que le taux d'emploi augmentera de 0,2% par an du fait du modeste recul envisagé de l'âge de départ à la retraite par la loi de 2010, recul limité dans ses effets par toutes les mesures prises en 2012-2013. Cet effondrement de la croissance potentielle résulte de l'installation en France d'un « cercle vicieux » : « La faiblesse des marges de l'industrie réduit la capacité des entreprises à investir ; la faiblesse de l'investissement sophistiqué de l'industrie contribue à l'affaiblissement des marges bénéficiaires[6].

» Les conséquences de cette baisse supposée seraient catastrophiques puisque, par exemple, le ratio de dette sur PIB atteindrait 180% en 2040 tandis que le système de protection sociale ne serait plus finançable. Ces évaluations chiffrées de la baisse de la croissance potentielle disparaîtront de la note publiée par le CAE en septembre 2014 et intitulée « Redresser la croissance potentielle », mais elles n'ont pas disparu des préoccupations des économistes. Cette réflexion montre surtout ce qui pourrait arriver à la France si elle refuse de prendre en compte sa situation particulière dans la troisième révolution industrielle avec des marges pour les entreprises qui sont les plus faibles des grands pays développés et un retard considérable dans l'informatisation et la robotisation de son

---

[6] Cité par *Le Monde* du 2 septembre 2014.

appareil de production, du fait de l'accumulation de politiques catastrophiques depuis quinze ans.

Les grappes d'innovations de rupture

La vapeur a été le moteur de la première révolution industrielle. L'électricité a été l'agent décisif de la deuxième révolution industrielle, comme l'avait compris Lénine (la révolution par les soviets et l'électricité), en conjonction avec le moteur à explosion. Le logiciel connecté en réseau est l'agent décisif de la troisième révolution industrielle. Certes, l'énergie continue de jouer un rôle clé dans la troisième révolution, avec l'essor des systèmes info-énergétiques, mais la maîtrise des logiciels et des données est un moteur de changement et de hiérarchisation des puissances plus déterminant que ne le fut la maîtrise de l'énergie.

Observation n°3 : La première révolution industrielle a été modelée et dynamisée par le couple machine à vapeur / réseau de chemins de fer, la deuxième révolution industrielle a été modelée et dynamisée par les couples moteur électrique / réseau électrique et moteur à explosion / réseau routier, et la troisième révolution industrielle est modelée et dynamisée par le couple logiciel / réseau Internet qui conduit, par le contrôle et le traitement des données, à influencer le comportement des hommes, des entreprises et des nations. Le contrôle des moteurs de recherche et de traitement des données est un élément central des stratégies de souveraineté des nations.

Une dissymétrie fascinante apparaît entre ces trois séries de couples : au cours des deux premières révolutions industrielles s'affirment des paires de source d'énergie et de réseaux physiques alors que la troisième révolution associe une énergie d'intelligence à un réseau dont la nature se modifie en permanence car il est lui-même continuellement transformé par le logiciel. Par opposition, les locomotives ne pouvaient pas modifier les réseaux ferrés ou les systèmes de signalisation dans la première révolution, et les moteurs électriques ne pouvaient pas modifier les réseaux électriques au cours de la deuxième. Le réseau Internet est, lui, un système complexe de logiciels en plus du réseau physique qui achemine les informations. Le couple logiciel / réseau Internet est potentiellement plus instable que le couple moteur électrique / réseau électrique, qui était lui-même plus instable que son prédécesseur, et plus à même d'être manipulé par ceux qui peuvent modifier les logiciels de l'extérieur (pirates, gouvernements, mafia, etc.).

Ceux qui dominent les logiciels en réseau réorganisant chaque secteur économique vont dominer le monde. C'est particulièrement le cas pour Google qui accumule les positions dominantes dans le traitement de l'information, la robotique, les systèmes autoguidés, au point de constituer une menace globale pour l'indépendance des Etats. Compte tenu de la puissance des effets de réseau, il n'y aura qu'un ou deux gagnants par secteur. Or les entreprises françaises prennent du retard dans cette révolution numérique. Il faut les obliger à relever ce défi numérique, ce qui suppose de leur en donner les moyens. Mais les marges des entreprises françaises, à l'exclusion des entreprises du CAC 40 qui n'opèrent plus que marginalement en France, sont aujourd'hui inférieures de plus d'un tiers à celles de leurs consoeurs allemandes, américaines, anglaises, et mêmes italiennes et espagnoles[7].

Observation n°4 : *Il faut donc fonder la stratégie de réindustrialisation française sur les logiciels en réseau et la remontée des taux de profit du secteur productif.* Une stratégie nationale de multiplication de puissantes entreprises produisant des logiciels opérant en réseau, de formation massive des ingénieurs et programmeurs, de développement des usages de ces logiciels et des assemblages de biens et services qu'ils rendent possible, couplée à une stratégie fiscale et sociale d'attractivité économique, sociale et culturelle est dorénavant un impératif de survie à court terme pour la France.

L'économie de l'informatique, de l'Internet et des logiciels en réseau est une composante clé du nouveau système technique. L'économie entrepreneuriale de l'innovation est l'autre composante de ce système technique.

Résumons les caractéristiques de la troisième révolution industrielle

Depuis le milieu des années 1980, l'économie des pays avancés est fondée sur l'innovation au sein d'un nouveau système technique provoquant une troisième révolution industrielle. Dans les pays les plus en pointe s'est imposé un nouveau mode de fonctionnement de l'économie, où la concurrence par l'innovation est le moteur des transformations en cours.

Ce nouveau système technique est le fruit de deux transformations prodigieuses : le développement de l'économie

---

de l'informatique et d'Internet et l'avènement de l'économie entrepreneuriale fondée sur l'innovation.

L'économie de l'informatique et d'Internet, qui s'appuie sur les progrès foudroyants de la microélectronique, bouleverse les modes de production et de distribution. Les tâches répétitives, qu'elles soient physiques ou mentales, sont automatisées. La valeur ajoutée et l'emploi qualifié se concentrent dans la conception des produits et des systèmes automatisés qui vont les fabriquer ainsi que dans les systèmes de marketing d'image et de réseaux qui vont rendre le produit désirable et accessible. L'emploi non qualifié restera abondant à la fois pour apporter des services aux personnes qualifiées et pour faire face aux conséquences du vieillissement de la population.

La prospérité des territoires et des pays est également conditionnée par l'essor de l'*économie entrepreneuriale de l'innovation* (EEI), qui est un écosystème socio-économique favorisant, notamment par l'action d'intermédiaires spécialisés que l'on nomme aussi facilitateurs, les interactions entre entrepreneurs et capitaux-risqueurs d'une part et investisseurs, chercheurs, développeurs, ingénieurs de production et opérateurs de production d'autre part afin de développer en permanence de nouveaux produits et services aptes à répondre à une demande solvable dans un univers concurrentiel. Les facilitateurs sont souvent d'anciens chercheurs qui connaissent bien les équipes de recherche et leurs travaux en cours et qui peuvent faire le lien entre les chercheurs et les entrepreneurs. Cet écosystème entrepreneurial est le cœur du réacteur de la troisième révolution industrielle.

Cette *économie entrepreneuriale* est le ferment de la croissance de la productivité intensive depuis vingt ans, avec une accélération brutale depuis dix ans. Elle a permis l'essor des technologies de l'information et de la communication (TIC) et des technologies biologiques. Elle porte également les transformations vers lesquelles nous entraînent les nanotechnologies et les technologies cognitives. Elle est en train de bouleverser les modes de production et de distribution, y compris dans les secteurs traditionnels, notamment par le couplage de la conception assistée par ordinateur, de la production conduite par des systèmes informatisés et de la distribution fondée sur la numérisation des relations avec les clients.

Cette *économie entrepreneuriale* est le moteur de la croissance future de la productivité intensive et surtout le principal facteur d'explication des écarts de taux de croissance entre pays. Les pays qui ne sauront pas favoriser l'essor des NBIC cesseront d'être dans la course à la valeur ajoutée. Les NBIC recouvrent les quatre domaines dans lesquels le changement scientifique et technique est considéré comme le plus rapide et le plus important pour l'avenir de l'humanité.

Le N concerne les nanotechnologies qui doivent permettre d'œuvrer, d'opérer ou de fabriquer au niveau de l'infiniment petit. Le B correspond aux biotechnologies au sens large, c'est-à-dire l'ensemble des savoirs et des savoir-faire sur le vivant (médecine et génétique incluses). Il s'agit là d'intervenir sur les gènes, les chromosomes ou les molécules constituant les cellules vivantes. Le I recouvre les technologies de l'information et de la communication (électronique et médias compris). Le C représente les technologies cognitives centrées sur le cerveau. On pourra bientôt réussir des couplages entre des régions cérébrales et des circuits électroniques pour remédier à des déficiences qui nous terrifient aujourd'hui.

La capacité à rester une grande puissance au cours du prochain demi-siècle se jouera sur trois éléments décisifs se combinant dans le cadre d'une économie entrepreneuriale : défense, finance et NBIC, les développements dans ces trois domaines devant s'appuyer sur un socle d'indépendance énergétique et alimentaire nationale.

Observation n°5 : Le nouveau système technique qui se met en place depuis trois décennies, avec une accélération foudroyante depuis quinze ans, et qui devrait balayer les vieilles structures productives dans les dix ans qui viennent, est donc le fruit de l'essor de l'économie de l'informatique et d'Internet et de l'économie entrepreneuriale de l'innovation.

L'iconomie

Avec quelques experts regroupés dans l'Institut Xerfi[8], nous avons décidé de nommer l'économie de l'informatique et de l'Internet, l'*iconomie*.

Sur cette base, je nomme *iconomie entrepreneuriale* le nouveau système technique résultant de la double rupture mise en œuvre par l'essor de l'économie de l'informatique et d'Internet et de l'économie entrepreneuriale de l'innovation. Une double rupture qui bouleverse tout aussi violemment la microéconomie que la macroéconomie, le management

---

[8] Voir le site www.institutxerfi.org.

d'entreprise que le contrat social, la gouvernance mondiale que l'organisation de l'Europe.

Observation n°6 : Dans ce nouveau système technique de l'*iconomie entrepreneuriale*, le *cerveau d'œuvre* remplace la *main d'œuvre* comme facteur de production clé. L'innovation doit intervenir en continu grâce à la mise en réseau des intelligences. L'organisation n'est plus fondée sur une hiérarchie d'autorité descendante mais sur une relation d'intelligence intégrant un nombre très réduit de niveaux hiérarchiques (pas plus de trois) travaillant en symbiose. Le niveau supérieur a essentiellement une fonction de coordination stratégique, de financement et d'optimisation des moyens. La gestion de l'immatériel et la création d'une image forte, et durablement forte, deviennent un élément central des nouvelles chaînes de création de valeur. L'organisation des entreprises est fortement impactée, l'entreprise fordienne hiérarchique devant évoluer vers une entreprise innovante collaborative. Plus généralement, nous passons d'une économie hiérarchique de *main d'œuvre* à une *iconomie* relationnelle du *cerveau d'œuvre*. Dit autrement, nous basculons d'une économie fordienne hiérarchique, qui est le nom communément donné au système économico-social dominant de 1945 à 1985, à une *iconomie entrepreneuriale* relationnelle qui émerge depuis le milieu des années 1980 et s'impose au monde depuis le début des années 2000.

Les pays émergents assurent plus de la moitié de la production industrielle mondiale depuis 2009 et plus de la moitié de la production automobile mondiale depuis 2012 (et probablement plus de la moitié du PIB mondial depuis 2013). Mais c'est depuis 2008 que l'on compte plus de la moitié des utilisateurs mondiaux d'Internet dans les pays émergents. En 2012, il y avait 1 050 millions d'utilisateurs d'Internet dans les neuf pays suivants : Chine, Inde, Indonésie, Iran, Russie, Nigeria, Philippines, Brésil et Mexique. Ils n'étaient que 250 millions aux Etats-Unis. Surtout, l'augmentation du nombre d'utilisateurs de 2008 à 2012 dans les neuf pays cités a représenté les deux tiers de l'augmentation du nombre d'utilisateurs sur la planète au cours de cette période. Fin 2012, il y avait 270 millions d'utilisateurs de *smartphones* en Chine contre 170 millions aux Etats-Unis, 35 millions au Royaume-Uni, 26 millions en France et 25 millions en Allemagne. C'est depuis 2002 que le nombre de téléphones mobiles en activité dépasse celui des téléphones fixes avec un rapport de 4 à 1 aujourd'hui et ce basculement s'opère d'abord dans les pays émergents.

Les aspects techniques du colossal phénomène de l'*iconomie entrepreneuriale* ne résument pas tous les bouleversements en cours. Les consommateurs, ayant pris la mesure des changements actuels, souhaitent moins posséder les produits qu'en jouir. On peut découpler la possession d'un bien de son usage pour n'en garder que les *effets utiles* dans une économie dite de fonctionnalité ou économie servicielle. Par exemple, on ne possède plus une voiture mais on entre dans un réseau qui met continuellement un véhicule à votre disposition en tout point et à tout moment où cela vous permet de mieux atteindre vos objectifs de déplacement dans le confort.

Dans cette économie servicielle, il y a coproduction des effets recherchés par l'entreprise et le client dans le contexte d'un modèle impérieux de croissance durable. La coproduction interviendra de plus en plus souvent par une intégration de la production, de la distribution et des usages du consommateur final.

Dans l'économie servicielle du *cerveau d'œuvre*, les robots et les systèmes informatisés assurent les productions physiques et les services répétitifs, tandis que l'homme imagine les nouveaux biens et services et leurs assemblages en mesure de séduire des clients qui comparent les effets utiles de toutes les propositions qui leur sont faites. Cette économie servicielle est très riche en emplois de toutes natures : ingénieurs et développeurs des nouveaux assemblages de produits et services, gestionnaires des services et personnel en relation directe avec les clients. Lorsque les produits sont conçus pour durer, il faut prévoir les personnels de maintenance des produits et installations. Au total, cette économie servicielle est très créatrice d'emplois et il convient d'imaginer et mettre en œuvre les formations des personnels concernés[9].

Si je reprends ces mots d'économie servicielle ou de fonctionnalité, utilisés par ceux qui étudient ces évolutions, ils ne me semblent néanmoins pas appropriés ! En effet, ils mettent l'accent sur le service ou la fonction alors que rien n'est possible sans un assemblage techniquement sophistiqué de biens et

---

[9] Les assemblages de biens et services sont réalisés dans le cadre de *business models* (ou *modèles d'affaires*) qui conduisent souvent à proposer les mêmes biens dans des configurations différentes. On peut avoir des centaines de plateformes différentes de vente des mêmes titres de musique, chaque plateforme ayant des approches et des spécialisations différentes. La concurrence opère alors par les assemblages de biens et services dans le cadre des *business models* qui les rendent accessibles, plutôt que sur les seuls biens et services pris séparément.

services grâce à de puissants logiciels actionnant des systèmes complexes robotisés et/ou humanisés – humanisé au sens de faisant appel à l'action humaine – et donc très intensifs en technologies, en sorte que l'industrie informatisée est au cœur de cette nouvelle économie, même quand elle crée de très nombreux emplois pour apporter les effets utiles au consommateur final. Il me semble donc plus approprié d'utiliser l'expression d'*industrie des effets utiles*, le mot industrie recouvrant toutes les activités fondées sur des processus informatisés.

Observation n°7 : Dans chaque révolution industrielle, l'industrie est définie par la grappe d'innovations de rupture. Lors de la première révolution industrielle, l'industrie regroupe notamment les activités mues par la machine à vapeur, et, lors de la deuxième, celles qui sont animées notamment par l'électricité. Dans la troisième révolution industrielle, l'industrie décrit donc toutes les activités animées par des logiciels et organisées selon des processus normés et informatisés. La finance, les nano et biotechnologies, les flux logistiques, les systèmes énergétiques informatisés, l'e-santé et l'e-éducation, la publicité sur Internet sont donc des activités industrielles. L'industrie manufacturière relève de la deuxième révolution industrielle lorsqu'elle n'est pas informatisée et de la troisième lorsque les logiciels sont au cœur des processus industriels.

Définition complète de l'iconomie entrepreneuriale

Observation n°8 : Dans la suite, l'*iconomie entrepreneuriale* nommera le nouveau système technique issu de la troisième révolution industrielle en cours. L'*iconomie entrepreuriale*, – I comme Intelligence, informatique, Internet, innovation, intégration –, est donc le fruit de trois nouvelles formes d'innovation, de production, de distribution et de consommation :

- l'économie de l'informatique, de l'Internet et des logiciels en réseau, qui s'appuie sur les progrès foudroyants de la microélectronique, et de l'économie de l'intégration des systèmes – intégration des systèmes de conception, de production et de distribution par des logiciels co-intégrés conduisant toutes ces opérations. C'est une **mutation scientifique et technologique**.
- l'économie entrepreneuriale de l'innovation. C'est une **mutation capitalistique, entrepreneuriale et organisationnelle**.
- l'économie servicielle des effets utiles qui n'est elle-même concevable qu'en faisant appel aux nouvelles technologies informatiques et de communication permettant de créer des assemblages de biens et services gérés en temps réel par de puissants logiciels en interaction avec le client. Comme évoqué ci-dessus, je préfère le terme d'*industrie des effets utiles*. C'est une **mutation des usages** qui privilégie le cognitif sur le physique.

L'émergence d'un monde hyperconnecté est une réalité. A la fin de 2014, 2,9 milliards d'humains étaient connectés à Internet, soit plus de 40% de la population mondiale, et ce nombre dépassera 5 milliards de personnes fin 2017, soit près des deux tiers de la population mondiale. Fin 2014, 82% des personnes étaient connectées en France contre 84% aux Etats-Unis et en Allemagne[10]. Toutefois, si l'adoption du numérique par les particuliers est comparable dans ces trois pays, les

---

[10] Source : Rapport de la Commission Internet de l'ONU et de l'Union internationale des télécoms (UIT), 21 septembre 2014.

entreprises françaises sont en retard. Seules 14% d'entre elles ont reçu des commandes via Internet en 2013, contre 26% en Allemagne, et 65% des entreprises ont un site Internet contre 89% en Suède[11]. Quatre raisons expliquent le retard d'adoption du numérique par nos entreprises, ce qui signale un retard dans la mutation vers l'*iconomie* entrepreneuriale (rappelons que le numérique décrit le secteur et l'utilisation des technologies numériques quand l'*iconomie* recouvre la mutation du système économique avec par exemple le développement des NBIC) : 1/ la faiblesse de la profitabilité des entreprises françaises qui bride leur capacité d'investissement dans les nouvelles technologies, 2/ l'incompréhension par au moins la moitié, si ce n'est les deux tiers, des dirigeants d'entreprises de la mutation *iconomique*, 3/ la difficulté des entreprises à embaucher des talents dans le numérique, cette difficulté étant évidemment liée à l'incompréhension précédente, 4/ l'existence pour près de la moitié des entreprises de rigidités structurelles internes, notamment dans les organisations en silos trop courantes en France, ou de rigidités du droit du travail qui limitent la mobilité du personnel.

L'*iconomie entrepreneuriale* est donc le terme recouvrant le nouveau système technique dans lequel nous sommes entrés il y a trois décennies, avec une forte accélération des transformations en cours depuis le milieu des années 1990. Le cœur de cette *iconomie entrepreneuriale* est une *industrie informatisée des effets utiles* mue par des entrepreneurs réalisant des assemblages de biens et services grâce à des

---

[11] Voir le rapport de McKinsey France, « Accélérer la mutation numérique des entreprises », septembre 2014.

modèles d'affaires intégrant de puissants logiciels dans des logiques de service personnalisé rendu au client final. Avec l'avènement de l'*iconomie entrepreneuriale*, nous passons d'un monde 2.0 à un monde 3.0. Mais pour entrer dans ce monde 3.0, les entreprises comme la société française doivent se réorganiser tout en accomplissant un énorme effort de compréhension et d'adaptation aux mutations en cours.

La révolution des NBIC est totalement incluse dans la troisième révolution industrielle. Certains veulent en faire une quatrième révolution industrielle, comme on l'a vu au Forum économique de Davos en janvier 2016. C'est une erreur d'analyse. Pour le comprendre, prenons l'exemple de la deuxième révolution industrielle qui s'est faite autour de l'électricité. L'électricité statique est observée depuis des siècles. En 1750, Benjamin Franklin identifie l'électricité naturelle canalisée par le paratonnerre. En 1799, Volta crée la pile électrique. En 1820, André-Marie Ampère découvre les lois du magnétisme et de l'électrodynamique. Puis interviennent la première dynamo en 1868, l'ampoule électrique à incandescence de Thomas Edison en 1879 (année de la première centrale hydroélectrique), la première ligne électrique en 1883, la première ligne à haute tension en 1891. C'est dans les années 1880 qu'apparaissent les premiers transformateurs ayant un bon rendement ce qui assure la victoire du courant alternatif sur le courant continu. Les premiers téléphones apparaissent dans les années 1870. Le premier tube cathodique est inventé en 1892. En 1928, apparaît la première télévision en couleur. La première transmission par émetteur a lieu en France en 1931. On parle de révolution électrique commençant dans les années 1880 lorsque les principaux éléments de cette révolution technique sont prêts et, ensuite, d'applications de la révolution électrique dans les décennies suivantes. Mais on ne parle pas de révolution industrielle à chaque étape de la révolution électrique de 1799 à 1931 !

Ce détour par la révolution électrique permet de traiter d'un autre problème : pourquoi dater la deuxième révolution industrielle des années 1880 ? Parce que c'est la décennie au cours de laquelle, un nombre suffisant d'inventions est intervenu pour que l'on puisse parler d'un « système électrique » capable de *changer la nature et le moteur du développement économique*. De même, au cours des années 1980, sont intervenus suffisamment d'inventions en informatique et électronique pour parler de « système informatique » capable de changer la nature et le moteur du développement économique. Il faudra encore une à deux décennies pour compléter le « système informatique et numérique » avant qu'il ne bouleverse définitivement l'ordre des entreprises et des nations dans les années 2020 et les années 2030. Mais il est déjà tard et il est temps de bouger si nous ne voulons pas totalement décrocher par rapport aux pays qui se sont déjà lancés dans la course. Les pays qui n'auront pas rejoint les leaders de la troisième révolution industrielle d'ici dix ans seront en voie de marginalisation économique et de déclassement politique.

L'annexe 1 donne de nombreuses applications de l'*iconomie* entrepreneuriale qui permettent de mieux percevoir la troisième révolution industrielle.

L'*iconomie entrepreneuriale* est le fruit d'une mutation technique hyper industrielle, hyper entrepreneuriale et hyper mobile qui nécessite d'être largement financée par des fonds propres compte tenu des risques encourus.

L'industrie change de nature, comme évoqué ci-dessus. Compte tenu de la grappe d'innovations dominante dans ce troisième système technique, l'industrie est redéfinie comme toute activité à base de processus normés et informatisés. Ainsi, la banque, l'ingénierie ou la logistique font partie de l'industrie dans la troisième révolution industrielle. Toutes les catégories statistiques vont devoir évoluer rapidement pour prendre en compte cette mutation.

Observation n°9 : L'*iconomie entrepreneuriale*, qui est une révolution de l'intelligence en réseau appliquée à toutes les activités humaines, qu'elles soient économiques, sociales ou culturelles, a pour effet de déconstruire les organisations massifiées et hiérarchisées issues de la deuxième révolution industrielle. En effet, les liaisons horizontales deviennent plus productives par échange entre pairs s'exprimant librement et avec des compétences techniques directement opérationnelles conduisant à des échanges riches en informations et en significations partagées. Alors que les liaisons verticales, qu'elles soient descendantes ou ascendantes, sont formelles et manipulées pour produire des actions servant des intérêts précis, ce qui donne des échanges pauvres en signification partagée.

L'*iconomie* ne transforme donc pas seulement les systèmes économiques, mais aussi les systèmes sociaux et culturels. Les systèmes français d'éducation et de santé vont être profondément modifiés par cette troisième révolution industrielle.

Pour rendre cette mutation *iconomique* plus facile à appréhender, il est souhaitable de séparer conceptuellement l'*iconomie* entrepreneuriale en une partie amont et une partie aval. L'*iconomie* de l'amont du système économique ou *iconomie* industrielle transforme le système de production par l'intégration informatique et logistique des donneurs d'ordres et de leurs sous-traitants dans le cadre de l'usine « intelligente » créant des chaînes continues de processus de production intégrés. L'iconomie de l'aval décrit l'intégration des produits et services au service des attentes des consommateurs dans ce qu'on peut appeler une *iconomie* du désir final, au sens de la réponse aux besoins ou désirs du consommateur final. A terme, l'*iconomie* industrielle (*Business to Business*, B to B) et l'iconomie du désir final (*Business to Consumer*, B to C) s'intégreront dans une *iconomie* entrepreneuriale B to B to C. Mais la difficulté de compréhension de l'*iconomie* par les décideurs économiques et politiques français et européens peut rendre utile la distinction conceptuelle entre l'*iconomie* industrielle et l'*iconomie* du désir final.

La peur ancestrale que la disparition des emplois de l'ancien système de production ne se traduise par la disparition pure et simple des emplois est tout aussi infondée pour le passage de la deuxième à la troisième révolution industrielle que pour le passage du monde pré-industriel au monde industriel ou des emplois de la première à la deuxième révolution industrielle. Les contemporains de la première révolution en 1830 n'imaginaient pas les nouveaux emplois qui permettraient d'employer beaucoup plus de travailleurs en 1880 et en 1980 qu'en 1830. Malgré les inquiétudes face aux périodes de transition d'un régime à l'autre, l'économie a généré en tendance toujours plus d'emplois. Il faut impérativement prévoir des politiques de formation appropriées pour former les travailleurs à leurs nouvelles activités ou nouvelles formes de réalisation de leurs activités habituelles. Mais soyons clairs, nous n'avons pas le choix de rester en dehors de la mutation en cours. Nous sommes déjà entrés dans un nouveau monde : l'*iconomie entrepreneuriale* est une révolution totale qui est déjà en marche. En ignorer la nature et les effets est un arrêt de mort pour les sociétés et les pays concernés. En comprendre la nature et les effets peut être une chance extraordinaire de rebond !

Confusions à éviter

Il ne faut pas confondre l'*iconomie* entrepreneuriale, qui décrit la transformation de tous les systèmes de production et de distribution par l'informatisation, avec le secteur des plateformes marchandes de mise en relation par Internet entre offreurs et demandeurs de produits et services ou avec les sites coopératifs, les systèmes d'échanges locaux (SEL) ou les associations à but non lucratif qui fonctionnent à base de dons. Les plateformes marchandes, souvent hypercapitalistes comme Uber et Airbnb, relèvent de l'*économie collaborative* tandis que les sites coopératifs non marchands (sites pour des formations, des services aux personnes âgées ou handicapés, du recyclage, du partage d'outils, des aides familiales, etc.) relèvent de l'*économie participative*. Les économies collaborative et participative sont des éléments de l'*iconomie* et visent à une production conjointe de valeur d'usage ou d'échange de produits par la mise en relation directe et souvent physique des producteurs et des consommateurs. L'économie collaborative marchande se développe à vive allure : les sites de transport par véhicule de tourisme avec chauffeur (VTC), de covoiturage, de location de logements entre particuliers ou de financement participatif (*crowdfunding*) appartiennent à des entreprises capitalistes comme Uber, Blablacar, Airbnb, Ulule. Le problème de l'économie collaborative marchande ne vient pas d'un service souvent novateur mais de ce qu'il est rendu par des personnes généralement mal payées et mal protégées au bénéfice principal d'actionnaires qui ne prennent qu'un risque limité. De plus, en cas de revente des plateformes, par exemple celle du *Huffington Post* aux Etats-Unis, un site faisant intervenir des milliers de chroniqueurs bénévoles et revendu 315 millions de dollars au seul bénéfice des propriétaires de la plateforme, les bénévoles sont spoliés.

L'ubérisation est le stade ultime et contestable de l'économie collaborative marchande en ce qu'elle n'apporte qu'une innovation d'usage limitée à partir de technologies existantes. Son avantage comparatif n'est pas technologique mais social et fiscal : le développement d'Uber s'explique pour une large part par le non respect des règles sociales et fiscales et des obligations de formation qui s'appliquent aux taxis. L'ubérisation porte à un niveau très élevé l'exploitation de ses chauffeurs qui sont payés à la tâche et ne bénéficient pas de protection sociale. L'activité de VTC, service de chauffeurs professionnels, est désormais mieux encadré par la loi Thévenoud du 1er octobre 2014 et a poussé à une amélioration de la qualité du service dans le transport des personnes. Mais le service UberPop, transport par des particuliers utilisant simplement la plateforme de mise en relation et plus ou moins interdit, était surtout une activité de détournement des règles sans sélection des chauffeurs au mépris de la sécurité des passagers.

L'économie collaborative marchande doit donc être régulée et soumise aux mêmes règles fiscales et sociales que les activités classiques. Il faut notamment protéger la *propriété intellectuelle* des contributeurs au développement intellectuel des plateformes et la *propriété sociale* des financeurs, notamment sous forme de dons à des plateformes de *crowdfunding*, et des acteurs sociaux apportant une aide en temps d'attention ou de service personnel. Lorsqu'elle est régulée, l'économie collaborative est-elle le monstre souvent décrit et va-t-elle détruire des millions d'emplois ? A ce stade, on peut considérer que le risque de suppressions globales d'emplois est limité : quand des chauffeurs de taxis perdent leur emploi au bénéfice des VTC, il n'y a pas destruction globale d'emplois mais transfert d'une catégorie à une autre. Les VTC créent même plus d'emplois que ceux qui disparaissent chez les taxis.

La robotisation des tâches, qui ne se confond pas avec l'ubérisation, va-t-elle détruire des emplois sans en recréer d'autres ? Là aussi, la conception, la production et la mise en œuvre des robots va créer beaucoup d'emplois mais ces derniers ne sont pas nécessairement les mêmes que ceux qui sont remplacés. La robotisation conduit donc à une transformation de l'emploi plus qu'à sa disparition. Au sein même des activités professionnelles, la robotisation des tâches conduit le plus souvent à une évolution de la nature des emplois qu'à leur disparition. La secrétaire qui utilise des aides numériques déplace son activité vers des tâches à plus forte valeur ajouté, tout comme l'ingénieur qui utilise la conception assistée par ordinateur.

L'économie des plateformes régulée joue un rôle clé dans le développement de l'*iconomie*. Elle contribue, par l'innovation dans les modèles d'affaires, le design et la disparition progressive de la frontière entre biens et services, à faire émerger l'économie de coproduction d'utilité par des écosystèmes faisant interagir de très grands nombres d'utilisateurs : nommons-la *économie de coproduction d'utilité du très grand nombre*. Elle s'oppose à l'économie de masse de la deuxième révolution industrielle qui produisait des biens et services standardisés pour des *récepteurs passifs*. Dans l'économie de coproduction d'utilité, les utilisateurs sont des *coproducteurs actifs*. Dans l'économie des plateformes, qui est en plein développement, l'innovation à base de briques technologiques existantes vise à prendre la première place dans l'écosystème en constitution pour jouer ensuite de la puissance acquise et faire de la recherche et développement. Cette dernière a pour objectif de monter en gamme rapidement afin d'exclure les nouveaux entrants pour constituer des monopoles sur un segment de marché.

L'*iconomie* ne se résume pas à ces plateformes marchandes mais décrit une mutation technique totale. La grande mutation *iconomique* transforme toutes les activités, qu'elles relèvent de secteurs traditionnels comme la banque, l'énergie ou l'agriculture ou des nouvelles technologies. A titre d'exemples : les banques, indépendamment du *crowdfunding*, ne sont plus que des gros ordinateurs qui réalisent toutes les opérations de leurs clients qui les saisissent de plus en plus souvent directement sur Internet par l'intermédiaire d'un ordinateur ou d'un téléphone portable ; les systèmes électriques, indépendamment des arrangements de l'*économie circulaire* qui décrit l'utilisation en réseau des déchets de certaines entreprises par d'autres, sont totalement gérés par des ordinateurs ; l'agriculture moderne utilisant des tracteurs se guidant par le GPS est totalement informatisée ; le transport de marchandises par conteneurs dotés de puces électroniques donnant toutes les informations sur les contenus est géré par des ordinateurs ; les biotechnologies résultent de l'application des ordinateurs à la biologie (pas de séquençage du génome sans ordinateur) ; tous ces secteurs sont en mutation *iconomique* indépendamment des plateformes numériques de mise en relation avec les clients au sein de l'économie collaborative, même si les plateformes interagissent ou pourront demain interagir avec eux.

Les estimations actuelles de la part de l'économie des plateformes et de l'Internet varient de 5% à 7% du PIB des pays développés selon leur avance dans ce domaine. Mais si l'on retient pour définition de l'*iconomie*, toutes les activités à base de processus normés et informatisés et toutes les activités, non nécessairement marchandes, utilisant Internet, l'ordre de grandeur varie de 30% à 40% du PIB des économies selon leur niveau de développement. Et cette proportion augmente continûment.

La troisième révolution industrielle et la globalisation

Les deux premières révolutions industrielles ont été marquées par l'ouverture au commerce international à mesure du développement des moyens de transport. Le chemin de fer et la marine à vapeur ont largement contribué à l'essor du commerce entre nations. De même, la généralisation du système de l'étalon or à partir de 1873, et la discipline monétaire qu'il a imposé jusqu'en 1914, a favorisé la première internationalisation de la finance.

Mais l'inconvertibilité des principales monnaies pendant et après la Première guerre mondiale, jusqu'en 1925 pour la livre sterling et jusqu'en 1928 pour le franc français, puis la guerre des monnaies à partir de 1930 – 1931 et l'effondrement des échanges commerciaux jusqu'en 1945 avant leur lent redémarrage au cours des années 1950, ont eu pour effet de « nationaliser » la deuxième révolution industrielle. Le cœur du commerce international se concentre alors sur les échanges de matières premières et énergie contre produits manufacturés alors que le monde industriel se limite à une vingtaine de pays industriels appartenant au *monde libre*.

L'entrée de la Chine dans l'économie de marché à partir de 1979, l'éclatement du monde soviétique après 1989 et l'émergence de pays en industrialisation rapide dans les années 1970, avec une forte accélération dans les années 1980, ont contribué à une ouverture rapide des principales puissances de la planète au commerce mondial. L'entrée de la Chine à l'OMC en décembre 2001 a largement contribué à accélérer l'internationalisation du commerce, ce pays devenant rapidement l'*atelier du monde*.

Cette accélération de l'internationalisation du commerce n'aurait pas suffi à nous faire entrer dans la globalisation de l'économie sans les effets de la troisième révolution industrielle sur la transformation des chaînes de valeur économique au plan mondial. En effet, l'*iconomie entrepreneuriale*, appuyé sur l'informatisation des systèmes de production et de distribution et la baisse des coûts de transport due au développement de « conteneurs numérisés », c'est-à-dire gérés par l'informatique, a conduit à un éclatement des chaînes de production de valeur au plan mondial[12].

L'essor des pays émergents, qui assurent plus de la moitié de la production industrielle mondiale depuis 2009 et plus de la moitié de la production automobile mondiale depuis 2012 et la baisse des coûts de transport et de communication sous l'effet de leur informatisation ont favorisé la fragmentation de la production industrielle. L'internationalisation des chaînes de valeur abaisse le seuil d'entrée dans l'économie internationale. Ce phénomène a été accéléré par la délocalisation massive des productions japonaises et américaines en Asie à partir des années 1980 afin de réduire les coûts de production. Aujourd'hui, une automobile, un avion ou un téléphone portable

---

[12] Le principe du conteneur est inventé en 1956 mais son usage reste confiné à la côte est des Etats-Unis pendant dix ans avant que la standardisation de ses dimensions n'en assure l'internationalisation dans les années 1970. Mais c'est l'intégration de puces électroniques permettant leur identification électronique qui rend possible la gestion de grandes masses de conteneurs et la croissance des porte-conteneurs qui sont construits avec un pont ouvert depuis 1991. Depuis le milieu des années 1990, les *conteneurs numérisés* sont devenus le principal mode de transport maritime de fret.

font appel à ces composants produits en Europe, en Asie ou en Amérique du nord. Les industriels sont des intégrateurs de composants fabriqués dans de nombreux pays. En moyenne mondiale, les exportations qui incorporaient 20% d'importations il y a vingt ans en incorporent le double aujourd'hui et cette proportion pourrait atteindre 60% dans vingt ans.

Observation n°10 : Il apparaît donc que, si les deux premières révolutions industrielles ont été « nationales » au sens d'une production industrielle à base de chaînes de valeur nationale, de 1780 à 1980, l'informatisation simultanée, à partir des années 1980, des systèmes de production et de distribution, des systèmes de transport et des systèmes de communication et télécommunication, avec une accélération foudroyante à partir des années 1990, a conduit à une globalisation de la production industrielle à base de chaînes de valeur internationale.

Comment l'entrée dans la croissance durable, c'est-à-dire la nécessité de préserver les ressources naturelles, peut-elle affecter cette troisième révolution globalisée ? Notons immédiatement que la production d'énergie renouvelable est impossible sans l'application des techniques informatiques et électroniques aux systèmes de production, de transport et de distribution de cette énergie sous toutes ses formes. La hausse des coûts de l'énergie et la nécessité de réduire l'empreinte carbone des productions pourraient conduire à une régionalisation progressive des chaînes de valeur de la production industrielle, le terme région désignant des ensembles comme l'Amérique du nord, l'Europe, l'Asie du Sud-est, etc. Mais cela supposerait que toutes les compétences productives soient à nouveau réunies dans ces grands ensembles régionaux, ce qui ne se fera pas sans un minimum d'action collective dans le cadre d'une planification stratégique intelligente et ouverte.

La révolution du logiciel

Observation n°11 : Cette économie de l'informatique et d'Internet favorise toutes les formes d'innovation qui permettent à de jeunes entreprises innovantes de créer de nouveaux segments de marché par une utilisation optimale de l'informatique et des réseaux. Cette segmentation de l'offre se manifeste par la création de biens physiques associés à des services dans des assemblages dont l'intérêt pour le consommateur résulte de l'utilité qu'il en retire. L'optimisation de ces assemblages se fait en prenant en compte les caractéristiques des besoins des consommateurs tels qu'ils les expriment par leurs achats répertoriés dans des systèmes informatiques centrés sur les relations clients. La conception et la gestion de ces assemblages de produits et services sont fortement consommatrices de capacités à transcrire ces séquences de produits et services en données informatiques et à les traiter rapidement, ce que rendent possible la phénoménale augmentation de la puissance des microprocesseurs et la sophistication des logiciels[13]. Les deux prochaines décennies

---

[13] Le développement concomitant des processeurs, des capteurs et des logiciels de traitement dans des systèmes de communication en réseaux transforme chaque individu en émetteur et récepteur d'informations dans des systèmes homme – machine de plus en plus intégrés. La puissance de calcul sidérante de ces systèmes bouleverse le monde réel et accentue l'essor du monde virtuel, ce dernier se manifestant toutefois par ses effets réels (les logiciels de simulation accélèrent la production manufacturière, les jeux numériques sont produits par de puissants acteurs, les applications chargées sur les téléphones conduisent les clients vers certains restaurants et hôtels et

laissent deviner des mutations stupéfiantes de l'environnement de l'homme. Le déploiement de la troisième révolution industrielle au cours de la période 1980 - 2030 va transformer les rapports de force entre nations et continents avant que cette révolution ne se consolide vraisemblablement au cours du demi-siècle suivant.

Un logiciel est un ensemble d'informations et d'instructions organisant les traitements effectués automatiquement par une machine informatique. La capacité de conception et d'écriture de logiciels d'une population qualifiée est un élément décisif de la compétitivité scientifique et productive d'un pays. Les logiciels sont des œuvres intellectuelles que leurs auteurs gardent pour leur usage propre ou mettent à disposition du public de façon payante ou gratuite. Un logiciel, en tant qu'œuvre intellectuelle, dépend de la culture et de l'univers scientifique et économique de son ou ses auteurs et véhicule cette culture et cet univers dans l'espace de pensée et d'action de ceux qui utilisent ce logiciel.

Les logiciels sont au cœur de la troisième révolution industrielle. Ils s'immiscent dans tous les secteurs de l'économie, se combinent avec tous les matériels et bouleversent l'ensemble des rapports de force et de profit. *Apple* a imposé un nouveau modèle économique à l'industrie de la musique. *Google* capte une part croissante des recettes publicitaires en ligne et

---

pas dans d'autres, etc.). L'Iphone et ses applications, les nouveaux systèmes de production en réseaux ou les systèmes de guidage sont une bonne illustration de la mutation vers cette économie de l'informatique et de l'Internet qui se déploie dans la production de biens et services de toutes natures.

bouleverse le modèle économique des médias. *Amazon* transforme les systèmes de distribution. Le logiciel a donc déjà transformé quatre grands secteurs de l'économie : les industries culturelles, la publicité, les médias et la distribution. Le tourisme connaît le même bouleversement avec la réservation des avions, des trains, des hôtels et des restaurants par les logiciels. Les systèmes de géolocalisation réorganisent les transports. Les nouveaux systèmes de gestion des flux de déplacement dans les villes et les nouveaux systèmes de gestion de la production et de la consommation d'énergie changent l'organisation de nos systèmes urbains. La santé est sur le point de vivre une révolution massive avec l'e-santé, tout comme l'éducation avec l'e-éducation. La finance est déjà totalement informatisée et les logiciels sont au cœur de son fonctionnement. La robotisation de la production s'accélère et la France doit rattraper son retard (voir Annexe 2).

Les logiciels couplés à une multitude de capteurs par Internet vont accélérer le passage de systèmes énergétiques centralisés à des systèmes locaux très décentralisés et opérant grâce à des sources d'énergie renouvelables et au traitement des déchets. Naîtront ainsi de véritables systèmes de production et consommation locaux dont les soldes, sous forme d'excédents de production et de besoins de consommation seront couverts par des échanges avec les autres systèmes locaux ou régionaux. Se mettront en place des « autoroutes info-énergétiques » gérées par des logiciels qui devront assurer la stabilité du système global. Jérémie Rifkin décrit à tort l'émergence de ces autoroutes info-énergétiques avec les systèmes locaux de production consommation d'énergie comme une troisième révolution industrielle apparue au début des années 2000 et devant se déployer dans les vingt prochaines années[14]. En réalité, ces nouveaux systèmes info-énergétiques sont la conséquence de la troisième révolution industrielle instaurant une *iconomie entrepreneuriale* depuis les années 1980 qui rend possible la mise en place de ces systèmes info-énergétiques.

L'*iconomie* nous conduit bien vers de nouveaux systèmes info-énergétiques qui seront largement déployés vers 2030, comme le note Rifkin, mais il ne faut pas confondre la cause et la conséquence[15].

Iconomie, travail et éducation

L'*iconomie entrepreneuriale* va se développer d'autant plus vite que les nouvelles technologies s'appuient non seulement sur une puissance numérique qui augmente de façon exponentielle dans la mesure où la puissance des circuits intégrés double tous les 18 mois - plutôt que tous les ans comme le prévoyait la loi de Moore – mais aussi que le nombre

---

[14] Jérémy Rifkin : La troisième révolution industrielle, Editions LLL, 2011.
[15] La France peut jouer un rôle clé dans les autoroutes info-énergétiques. Afin d'optimiser la gestion de la production et de la consommation d'électricité, dans le contexte de la production intermittente des énergies renouvelables, notre pays a lancé le projet Sogrid réunissant dix partenaires industriels et universitaires au sein d'un consortium piloté par ERDF et le fabricant de semi-conducteurs STMicroelectronics. Il s'agit de développer un nouveau composant électronique des compteurs des réseaux intelligents, les *smart grids*, qui sera produit en France et capable de mesurer la production et la consommation d'électricité, le pilotage du compteur et l'échange d'informations avec le réseau.

d'activités humaines qui peuvent être numérisées et effectuées par des systèmes automatiques augmente sans cesse. De plus, la capacité à combiner et recombiner les blocs d'innovations numériques pour produire de nouvelles applications semble sans limite. Le risque est alors que les robots remplacent les hommes ! Mais comme le montrent les expériences mettant face à face les hommes et les robots ou ordinateurs, comme dans le jeu d'échecs, si l'homme seul est dominé par l'ordinateur, en revanche l'homme aidé d'un ordinateur est meilleur que les meilleurs ordinateurs. De plus, l'homme reste meilleur que l'ordinateur pour imaginer de nouvelles idées, reconnaître les interconnexions modélisables hors du cadre normal de pensée et maîtriser les communications complexes faisant apparaître les sentiments[16].

De ces observations découlent deux recommandations : 1/ Pour rester employable, l'homme ne doit pas lutter contre les ordinateurs et les robots mais les mettre à son service, la collaboration homme-ordinateur créant un être augmenté plus fort que l'ordinateur ou le robot, 2/ L'éducation doit favoriser l'acquisition de compétences permettant d'imaginer de nouvelles idées (créativité), de reconnaître les interconnexions modélisables sous forme de manifestations récurrentes non encore modélisées, et de maîtriser la communication complexe. L'école primaire, après avoir réellement permis l'acquisition des trois compétences de base (lire, écrire et compter), doit introduire l'acquisition d'une compétence de codage. L'école

---

[16] Voir « The second machine age » de Erik Brynjolfsson et Andrew McAfee, Norton & Company, 2014.

secondaire doit favoriser l'acquisition des savoirs d'interconnexion des idées et des disciplines.

L'iconomie entrepreneuriale exige de réinventer le travail des hommes en lien avec les ordinateurs et les robots, les organisations dans l'économie de cerveau d'œuvre et le contrat social qui doit favoriser la responsabilisation des acteurs.

*

Cette *iconomie entrepreneuriale* appelle un nouveau système de financement car il faut financer de lourdes recherches pour créer de nouveaux produits, et assemblages de biens et services, et pour financer les produits et réseaux qui fondent l'économie de la fonctionnalité.

II - De la finance débridée à la finance régulée

La finance débridée des années 1990 et 2000 a produit la violente crise financière de 2008- 2009 dont le monde développé se remet difficilement. Il faut impérativement passer à une finance régulée.

A quoi sert la finance ?

La finance est un métier de traitement de l'information et de gestion des risques. Elle rend possible le fonctionnement de l'économie réelle de production et de distribution de biens et services. Mais la monnaie, et la finance qui en dérive, fait plus : elle rend possible l'activité réelle dans une économie moderne. Sans la monnaie, on doit procéder à l'échange de biens physiques contre d'autres biens physiques. La monnaie, en s'intercalant au milieu de l'opération d'échange, permet de dissocier l'échange dans le temps et dans l'espace : « Je vends mon blé à Lyon aujourd'hui et j'achète du tissu à Paris demain[17]. »

---

[17] La monnaie favorise la spécialisation du travail. Le troc est une opération si lourde à réaliser qu'il ne permet qu'une économie de subsistance dans laquelle chacun fabrique les quelques produits nécessaires à la survie de l'homme. Mais avec la monnaie je peux me spécialiser dans les activités que je sais bien faire et vendre ma production sur un marché pour acheter ce dont j'ai besoin pour vivre. La spécialisation devient encore plus efficace avec la division du travail dont l'effet se démultiplie par le salariat. Sans monnaie, point d'économie moderne. Sans finance, point d'accumulation du capital. Sans monnaie et sans finance, point d'élévation du niveau de vie. Le contrôle du capital permet de contrôler les chaînes de production et de distribution.

La finance, à condition d'être transparente et régulée, joue donc un rôle clé dans le développement des entreprises. Il existe une relation économique forte entre la qualité de la finance (banques et marchés) et la croissance du PIB et de la productivité globale des facteurs. Lorsque la finance est régulée et qu'elle contribue puissamment à l'essor de l'*iconomie entrepreneuriale*, on parlera de *finance entrepreneuriale*.

L'activité financière a quatre fonctions clés :

- émission de la monnaie et gestion des moyens de paiements dans une économie monétaire de marché,
- intermédiation de l'épargne vers l'investissement productif (usines, machines, logiciels, etc.) et l'investissement public (infrastructures, universités, centres de recherche, hôpitaux, etc.),
- gestion des risques (assurance dommage, assurance-vie, risques liés à la variabilité des taux d'intérêt et des taux de change, accidents climatiques, etc.),
- gestion d'actifs, particulièrement importante dans les sociétés riches en vieillissement rapide dans lesquelles les personnes actives doivent constituer des patrimoines pour financer leur consommation pendant leur période de retraite et préparer les legs désirés pour leurs enfants.

L'émission de la monnaie et sa régulation sont contrôlées par la Banque centrale et la gestion des moyens de paiements est du ressort des banques commerciales. Les banques et compagnies d'assurances contribuent, avec les marchés financiers, à l'intermédiation de l'épargne vers l'investissement ainsi qu'à la conception et à la gestion de produits et services permettant aux Etats, aux entreprises et aux ménages de gérer leurs risques.

Avant de préciser davantage les fonctions de la finance, attardons-nous sur l'incompréhension de base : la finance, pour ce qui est des quatre activités clés évoquées ci-dessus, est d'abord une activité de traitement de l'information et de gestion des risques. L'argent n'est que la manifestation fugace de l'activité précédente.

Dans l'assurance, des millions de personnes contractent une police d'assurance pour se couvrir contre des risques aléatoires qui ne se manifesteront qu'au détriment d'un tout petit nombre d'assurés. Le cœur de l'activité d'assurance est d'établir les lois de probabilité d'occurrence des risques aléatoires.

La gestion des moyens de paiement met en œuvre des chaînes colossales de traitement de l'information pour que les chèques ou les factures de carte bleue soient débités et crédités des montants exacts dans les comptes appropriés.

L'intermédiation de l'épargne vers l'investissement suppose que les banques et opérateurs de marché soient capables de comprendre la nature de l'investissement qui est réalisé, de déterminer s'il est justifié par les services attendus et d'évaluer si les gains résultant de l'investissement permettront de rembourser les prêteurs. Telle flotte d'avions achetée par une compagnie aérienne va-t-elle être gérée à des coûts compétitifs, pour servir des lignes aériennes présentant au cours des 20 prochaines années un trafic suffisant, avec une facturation par passager suffisamment rémunératrice ?

La variabilité des taux d'intérêt et des taux de change, dans un monde globalisée, perturbe les processus de production et de commercialisation, modifie la rentabilité d'opérations qui se réalisent sur de longues durées, et affecte la valorisation des patrimoines. Peut-on développer des produits et des marchés permettant de s'assurer contre les risques de variation des taux ? La gestion de ces produits d'assurance contre les risques fait-elle naître de nouveaux risques ? Telles sont les problématiques de la finance.

Il apparaît que l'argent joue presque un rôle secondaire dans le fonctionnement de la finance moderne dans ses quatre activités clés pour le bon développement de l'économie réelle. L'activité de la finance, la qualité des services rendus et la rentabilité des opérations dépendent presque exclusivement de la capacité des opérateurs financiers à gérer l'information et les risques liés à ces opérations. On peut passer une vie de financier à structurer des financements d'infrastructures, des achats de flotte d'avions ou des opérations de fusion-acquisition sans voir transiter un billet de banque ou un lingot d'or, lorsque la finance est transparente grâce à une régulation attentive.

La finance est donc un métier de traitement de l'information et de gestion des risques. Elle rend possible le fonctionnement de l'économie réelle de production et de distribution de biens et services. Mais la monnaie, et la finance qui en dérive, fait plus : elle rend possible l'activité réelle dans une économie moderne. Sans la monnaie, on doit procéder à l'échange de biens physiques contre d'autres biens physiques. La monnaie, en s'intercalant au milieu de l'opération d'échange, permet de dissocier l'échange dans le temps et dans l'espace :

« Je vends mon blé à Lyon aujourd'hui et j'achète du tissu à Paris demain ».

Observation n°12 : L'activité financière a quatre fonctions clés au service de l'économie réelle et du bien-être social : émission de la monnaie et gestion des moyens de paiements dans une économie monétaire de marché ; intermédiation de l'épargne vers l'investissement productif et l'investissement public ; gestion des risques ; et gestion d'actifs. Ces fonctions sont des véritables missions de service public qui doivent être régulées pour qu'elles bénéficient à tous[18].

Le cinquième métier de la finance

Mais la révolution financière internationale, depuis les années 1970 et avec une très forte accélération depuis le début des années 1990, a permis une forte dérégulation et internationalisation de la finance tandis que ses quatre fonctions clés ne sont pas toujours très rémunératrices. Les financiers ont alors développé un cinquième métier avec des activités pour compte propre, des activités de *private equity* et des activités dites « structurées » à très fort effet de levier. Ces dernières concernent, par exemple, le financement d'agents peu ou pas solvables (*subprimes* d'obligations ou de crédit), le transfert des risques (titrisation), ou la couverture des risques (dérivés de crédit). Le *private equity* recouvre à la fois le capital-risque – qui joue un rôle décisif dans le financement de l'innovation –, le

---

[18] Voir mon article : « A quelles conditions la finance est-elle utile ? », Revue d'Economie Financière, n° 98/99, août 2010.

financement du développement des entreprises et le rachat d'entreprises à effet de levier.

Ce cinquième métier a emporté les banques vers la spéculation au cours des années 2000. Mais on ne peut en déduire qu'il faut le supprimer. Il est en revanche impératif de le réguler strictement au point d'interdire les activités pour compte propre au sein des grandes banques. Ces activités doivent être filialisées et rendues étanches par rapport aux activités classiques. Mais comme le prône le rapport Liikanen, remis à la Commission européenne en octobre 2012, les deux activités doivent être légalement séparées mais être maintenues à l'intérieur d'un même groupe pour garder la puissance du modèle de banque universelle. Il faut également donner une définition précise de l'activité pour compte propre, en distinguant les prises de position des banques du *trading* pour le compte de leurs clients. Le débat, apparemment technique, est éminemment stratégique car il ne faut pas affaiblir les banques euro-continentales, notamment françaises, qui n'ont pas été mêlées à la crise des *subprimes*. De ce point de vue, la réforme bancaire intervenue en France au printemps 2013 a été bien calibrée.

Observation n°13 : Une place financière est la coagulation des centres de décision d'allocation des ressources financières d'un pays, des centres de développement et de gestion des chaînes d'information et des produits de financement et de gestion des risques, et donc le centre nerveux de contrôle du capital productif. Un pays développé, souhaitant exercer une influence même minimale sur le monde économique globalisé, doit contrôler les têtes de réseaux industriels et financiers qui commandent le fonctionnement de son économie interne. Posséder une place financière puissante, en termes de capitaux gérés, de capacités à gérer l'information et les risques, et de capacités à innover pour répondre aux besoins nouveaux de financement et d'assurance contre le risque, est un atout décisif pour garder des leviers d'influence dans un monde global.

Une place financière aura la puissance de ses intermédiaires financiers, banques et assurances, l'agilité de ceux qui conçoivent et gèrent les financements innovants et les produits d'assurance contre les risques, l'influence de ses autorités de régulation et de ses centres de recherche et d'enseignement en économie et en finance, la réputation et la qualité de ses professionnels.

La finance est un instrument de souveraineté en ce qu'elle consiste à recueillir et à traiter des informations permettant d'évaluer les capacités de développement des entreprises et des Etats et d'identifier leurs leviers de financement. La finance permet également de mesurer les risques pour les assurer ou les transférer. Les Etats-Unis, le Royaume-Uni, le Japon, la Chine ou l'Allemagne veulent s'assurer qu'ils pourront financer toutes les politiques stratégiques nécessaires à leur développement économique et politique.

Banques et marchés ; Economie d'endettement et économie de marchés de capitaux

L'étude des systèmes financiers des grands pays industriels a longtemps permis de distinguer les pays dont l'intermédiation est dominée par les banques et ceux avec une prééminence des marchés de titres.

Les banques qui acceptent des dépôts, surtout à court terme, sont tenues de reprêter ces fonds sous une forme aussi liquide que possible afin de pouvoir rembourser les dépôts à la demande. On est dans un système de mutualisation des risques. Ce système fonctionne bien dans des économies de rattrapage où l'on analyse bien la nature de la demande.

Lorsque l'épargnant achète des actions ou des obligations, directement sur les marchés de titres, il prend un risque direct sur l'émetteur. On est dans un système d'individualisation des risques. Ce système est plus efficace dans les économies d'offre et d'innovation de produits. Les analystes financiers contribuent à l'évaluation des risques pris.

Selon la nature dominante de l'intermédiation financière, qu'elle soit bancaire (dominée par les banques) ou de titres (dominée par les marchés financiers et les titres de dette et de propriété), on aura une **économie d'endettement** ou une **économie de marchés de capitaux**.

Il faut distinguer les systèmes macrofinanciers selon le taux d'autofinancement de l'investissement productif, le mode de financement de ce qui n'est pas autofinancé (crédits ou titres de dette ou titres de propriété), ou la nature des acteurs (banques et marchés).

La distinction *économie d'endettement*, dans lesquelles les entreprises se financent essentiellement par endettement auprès des banques, et *économie de marché de capitaux*, dans lesquelles les entreprises font appel pour leur financement externe aux émissions de titres négociables, a été faite par John

Hicks dans *The Crisis in Keynesian Economics* (Basic Books, 1974). Afin d'apprécier l'impact de la politique monétaire, Hicks distingue les entreprises, puis par généralisation les économies, qui satisfont leurs besoins de liquidités grâce à la détention d'actifs liquides ou négociables et celles qui ont recours au découvert bancaire. Dans les économies du premier type, la politique monétaire est exécutée par l'achat ou la vente de titres ; la variation du prix des titres, par arbitrage est générale : la régulation monétaire se fait par les taux d'intérêt (qui varient en sens inverse du prix des titres). Dans une économie du deuxième type (économie d'endettement), la politique monétaire vise essentiellement à faire varier la liquidité des banques afin de réduire ou d'accroître l'accès des entreprises au financement par endettement bancaire. Mais dans ce type d'économie, la liquidité bancaire ne peut pas varier au point de mettre en danger la stabilité des banques ou de provoquer indirectement la faillite des entreprises : il y a donc une tendance à accepter une surliquidité bancaire qui favorise l'inflation et qui ne peut être combattue que par l'introduction d'une régulation directe du crédit.

On peut donc opposer les EE et EEC avec trois caractéristiques :

- Dans une **Economie d'endettement** (EE) :
  o Profitabilité faible de l'activité productive, donc autofinancement faible, et donc ratio D/FP (endettement sur fonds propres) élevé,
  o Financement externe majoritairement par du crédit bancaire,
  o Régulation monétaire par le contrôle du crédit.
- Dans une **Economie de Marchés de Capitaux** (EMC) :

- Profitabilité élevée de l'activité productive, donc autofinancement élevé, et donc ratio D/FP relativement faible,
- Financement externe majoritairement par titres négociables sur des marchés,
- Régulation monétaire par les taux d'intérêt.

Dans une EE, la tendance à la surliquidité est compensée par la mutualisation des risques et par le contrôle direct des entreprises sur le management.

Dans une EMC, l'individualisation des risques est contrôlée par le rôle des analystes financiers et des agences de notation qui sont censées procéder à une évaluation indépendante de la solidité des entreprises.

Il faut donc distinguer les systèmes macrofinanciers selon le taux d'autofinancement de l'investissement productif, le mode de financement de ce qui n'est pas autofinancé (crédits ou titres de dette ou titres de propriété), ou la nature des acteurs (banques et marchés).

Certes financement par crédits ou titres de dette semble proche, mais la différence est forte sur la négociabilité, la mutualisation ou non du risque et la nature du contrôle sur le management.

A condition d'être régulée, la finance permet l'essor d'une *iconomie entrepreneuriale* en mesure de créer les emplois dont nous avons besoin.

*

Cette nouvelle *iconomie* s'enracine aussi dans les métropoles compétitives.

III - La métropolisation de la croissance

Observation n°14 : La mutation vers l'*iconomie* est complétée par une mutation territoriale : la métropolisation de la croissance et, plus fondamentalement encore, la territorialisation de la croissance. Les innovations se produisent essentiellement dans des métropoles ou les territoires accueillants pour les entrepreneurs et les chercheurs. Ces territoires, à condition d'être structurés par des pôles métropolitains en réseaux et que nous nommerons *territoires métropolisés*, facilitent la dissémination des innovations au sein de l'écosystème de production et d'innovation qu'elles créent par leurs politiques fiscales, sociales et environnementales. La productivité et le niveau de vie des territoires métropolisés accueillants sont aujourd'hui très supérieurs à ceux des villes désagréables à vivre ou des zones peu denses[19]. Un excès de fiscalité sur les revenus, les bénéfices, les patrimoines ou les transactions est aujourd'hui un frein à une métropolisation intelligente et maîtrisée.

Métropole moderne

On constate notamment que les activités de recherche et d'innovation sont parmi les plus concentrées au monde. Il y a de ce point de vue une confusion immense mais répandue selon laquelle les TIC[20] vont conduire à l'éclatement géographique des activités intellectuelles. De fait, dès que des résultats sont

---

[19] Voir notamment les papiers de recherche cités dans l'article « *Concrete gain* » de *The Economist* du 13 octobre 2012.
[20] Technologies de l'information et de la communication.

établis, ils peuvent être diffusés dans le monde entier. Mais la création de la connaissance exige de longues périodes d'échanges et de discussions en face-à-face. C'est pour cela que les meilleurs chercheurs veulent s'assembler avec les autres « meilleurs chercheurs », ce qui explique l'extrême concentration de la recherche de plus haut niveau d'excellence dans une centaine d'universités, instituts et laboratoires pour l'ensemble du globe ! L'innovation est géographiquement concentrée parce que le regroupement des chercheurs permet une plus grande créativité.

La globalisation de l'économie mondiale n'est pas un phénomène homogène mais un phénomène de concentration métropolitaine et de diffusion progressive des innovations sur l'ensemble des territoires : ce n'est pas la Chine qui se développe, mais d'abord Shanghai, Canton, Pékin, Hong Kong, etc[21]. Un récent rapport sur le développement de la Banque mondiale[22] montre le rôle clé de l'urbanisation dans le développement économique : « À mesure que les économies passent de la qualification d'économies à faible revenu à celle d'économies à revenu élevé, la production se concentre dans l'espace. Les producteurs choisissent de préférence certaines localisations telles que les villes, les zones côtières ou les pays intégrés dans un riche réseau de relations. »

En 2010, les trente-huit métropoles principales de l'Union européenne s'étendaient sur moins de 1 % de son

---

[21] Voir mon livre : *Guerre et paix au XXIème siècle*, François Bourin Editeur, 2010.
[22] « Repenser la géographie économique », rapport 2009 de la Banque mondiale.

territoire mais accueillaient 27 % de ses emplois et produisaient plus de 30 % de son produit intérieur brut (PIB). La même année, quatorze métropoles françaises[23] rassemblent 39% de la population et 43% de l'emploi, réalisent 51% du PIB et déposent 70% des demandes de brevets[24]. La raison en est simple : le développement économique va de pair avec l'agglomération des activités[25].

Ce phénomène de croissance métropolitaine doit être bien compris : il ne s'agit pas d'accélérer un processus d'agglutination, mais d'accompagner une tendance forte en favorisant, quand c'est possible, la masse critique et l'excellence internationale, et d'interconnecter ces ressources dans des zones denses conçues pour assurer une mobilité maximale, car c'est la mobilité en zone dense qui multiplie les opportunités de contacts. Les habitants des zones diffuses bénéficient de ces opportunités lorsqu'ils se rendent dans les zones denses à condition qu'elles soient facilement accessibles. La création de richesses naît de la multiplication des opportunités de contacts. *Empêcher la densification et gêner la mobilité, c'est freiner la croissance.* L'intensification des déplacements collectifs n'est

---

[23] Paris, Lyon, Marseille, Toulouse, Bordeaux, Nantes, Rennes, Rouen, Lille, Strasbourg, Grenoble, Nice, Toulon et Montpellier (aires urbaines en 2010).

[24] Voir la note « réforme régionale : un enjeu pour la croissance ? » de France Stratégie, juillet 2014.

[25] On constate notamment que les activités de recherche et d'innovation sont parmi les plus concentrées au monde. Dans la mesure où, dans de nombreuses activités, les rendements d'échelle sont croissants, le saupoudrage des ressources est souvent inefficace, car il ne permet pas d'atteindre la masse critique nécessaire pour être efficace et compétitif à l'échelle nationale ou internationale.

possible que si l'on réussit à donner suffisamment d'informations en temps réel aux individus pour qu'ils puissent intégrer le déplacement collectif comme un moment de leur mobilité personnelle. C'est cette maîtrise conjointe des systèmes de transport et des systèmes d'information permettant à chacun d'optimiser ses déplacements qui rend possible l'avènement de la *métropole moderne*.

Les *métropoles modernes* sont donc des villes multi-activités, à forte densité maîtrisée de population, qui visent à favoriser une *iconomie entrepreneuriale* et une innovation de conception dans un large spectre de domaines : NBIC, finance, défense, énergie ou *cleantechs* (technologies de l'environnement). En particulier, la *métropole moderne* ne rejette pas l'industrie car les services à forte valeur ajoutée s'appuient sur une industrie puissante[26].

Rapport de l'OCDE : « The Metropolitan Century », 2015
Dans un rapport que vient de publier l'OCDE, l'organisation analyse l'impact de la métropolisation de la croissance sur l'évolution internationale.

Après avoir noté que la population urbaine de la planète devrait passer de 1 milliard de personnes en 1950 à 6 milliards de personnes en 2050 et que la moitié de la population de

---

[26] Il faut également bien comprendre que cette densification ne se décrète pas mais qu'elle résulte de l'attraction spontanée de la plupart des êtres humains vers les zones qui concentrent les opportunités de contacts pour le travail ou les loisirs. La densification s'opère naturellement, surtout dans les zones au sein desquelles cette densification est maîtrisée.

l'OCDE vit dans 300 villes comptant plus de 500 000 habitants, deux points de cette analyse retiennent notre attention en lien avec la création de la métropole Aix-Marseille-Provence :

- **Les métropoles se développent plus vite que les villes non métropolitaines et ont une productivité plus élevée que les autres villes** grâce aux effets d'agglomération (voir le rapport 1) et à la taille du marché du travail qui permet de mieux faire correspondre les aspirations des salariés avec les besoins des employeurs, la productivité croissant avec la taille dans les villes ayant maîtrisé leurs problèmes d'organisation et de transport, car les métropoles sont des centres d'enseignement supérieur, d'innovation et de développement des entreprises les plus compétitives,

- **Les métropoles mal organisées ou n'ayant pas de gouvernance centralisée efficace sur les problèmes clés du développement économique et de l'innovation, et des transports, perdent le bénéfice des effets d'agglomération.** Les grandes villes bien organisées attirent les services à forte valeur ajoutée dans la finance, le juridique, la santé, l'éducation supérieure et la culture. Les métropoles bien gérées ont la capacité d'accroître leur résilience par la diversité de leurs activités. Selon l'OCDE, les villes ayant une gouvernance forte sur les questions fondamentales (projet métropolitain, transports, développement économique, croissance durable) ont une croissance double de celles ayant une gouvernance éclatée.

Métropolisation et attraction des talents : « donner envie »
La question est de savoir quels acteurs seront les mieux placés pour bénéficier de cette économie de l'innovation ? Car il y aura toujours, au cours des années à venir, des acteurs et des suiveurs, des centres d'innovation et de création de richesses et des zones de consommation.

Les acteurs, les innovateurs et les dominants organiseront leur action selon des stratégies volontaristes, maximisant leurs dotations de ressources et leurs efforts productifs, en s'inscrivant dans un environnement en mutation rapide dans lequel s'imposeront les réalisations collaboratives.

Les responsables politiques dans la troisième révolution industrielle devront donner envie à tous les créateurs et travailleurs qualifiés de venir *vivre* sur leurs territoires, *opérer* dans une *iconomie entrepreneuriale de fonds propres* favorisant une croissance durable, *bénéficier* d'une mobilité intelligente, *accéder* à toutes les compétences créatives et formes de financement de leurs projets, sans être frappés par une fiscalité punitive ou des lois sociales qui engluent toute initiative sans finalement protéger ceux qui étaient censés en bénéficier, et *s'épanouir* dans un environnement culturel et politique qui favorise la recherche de l'excellence.

Observation n°15 : Ce « donner envie », qui domine le monde en train de naître, s'organise dans des *métropoles modernes*, notamment autour de la concentration intelligente et agréable à vivre des compétences, de la multiplicité des mises en relation et des possibilités de financement, d'une mobilité totale des personnes, d'une sécurité éprouvée des personnes et des biens, et d'une qualité de vie aussi complète que possible. Cette dernière dépend de la qualité de l'environnement (eau, air, habitat dans des territoires ou quartiers variés), de la qualité de l'éducation et de la santé et d'une grande ouverture culturelle, scientifique, technique, politique conduisant à la plus grande tolérance possible envers tous les modes de pensée et de comportement paisibles et non agressifs pour les autres.

Les territoires métropolisés ont une double dimension de *territoire puissance*, au sens de la capacité à mener des stratégies cohérentes de développement dans le monde global, et de *territoire identité*, au sens de territoire constitutif de l'identité des acteurs revendiquant leur appartenance politique et culturelle à ce territoire. Il serait contreproductif de vouloir construire une action politique territoriale privilégiant le *territoire identité*, sans intégrer la dimension de *territoire puissance* car on pourrait alors s'orienter vers une politique de fermeture du territoire à tous ceux qui seraient jugés « indignes » d'en partager l'identité. Inversement, une politique axée sur le *territoire puissance* ignorant la demande d'identité se couperait de la dimension culturelle du développement économique et social.

La métropolisation dans les faits

La métropolisation de la croissance, au sens où ce sont les métropoles modernes qui sont à la pointe de la croissance dans tous les pays, est une mutation des formes de la croissance qui doit être au cœur de la planification urbaine comme de la politique économique. Toute politique économique qui se voudrait favorable à la croissance mais qui n'encouragerait pas le phénomène de la métropolisation en l'adaptant aux caractéristiques du pays serait vouée à l'échec. Comme la France est un pays à la densité faible, nous proposerons au chapitre 6 la mise en place de trois réseaux de métropoles pour intégrer l'ensemble des territoires périurbains et ruraux dans la mutation métropolitaine. L'urbanisation de nos villes doit intégrer les nécessités de la croissance durable en prônant une densité maîtrisée du bâti autour de systèmes publics de déplacement. Cette *densification métropolitaine* suppose que toutes les couches de la population en bénéficient, non seulement les travailleurs qualifiés et ouverts au monde, mais aussi les classes populaires constituées des ouvriers, employés, artisans et agriculteurs. L'urbanisation métropolitaine suppose donc que l'on développe massivement des logements pour ces catégories sociales au cœur des métropoles modernes.

Or la France a fait un autre choix. L'essentiel des HLM en zones urbaines denses est réservé aux immigrants récents tandis que les ouvriers, employés et travailleurs indépendants sont rejetés dans un périurbain éloigné des zones denses qui offrent les emplois associés à la croissance métropolitaine. Cette nouvelle géographie sociale séparant le pays en deux avec « une 'France périphérique', fragile et populaire et une 'France des métropoles' intégrée à l'économie-monde[27] » n'était pas inéluctable. J'accuse ici les politiques urbaines menées depuis trente ans en France d'avoir produit ce résultat dramatique qui plonge les classes populaires dans la misère en les éloignant des centres des métropoles qui, seules, offrent les emplois d'avenir dans un monde dominé par le phénomène de métropolisation de la croissance. Ces classes populaires se tournent alors contre

---

[27] Christophe Guilluy, *La France périphérique*, Flammarion, 2014.

la société et apportent leurs voix au Front national et au Front de gauche qui sont les réceptacles de la colère de ces classes populaires rejetées hors du mouvement du monde. Ce phénomène d'exclusion des classes populaires hors des zones denses a bien été analysé par Christophe Guilluy[28] qui note que « l'employé du lotissement pavillonnaire, l'ouvrier rural, le chômeur du bassin minier, le petit fonctionnaire, mais aussi le petit paysan qui voisinent aujourd'hui dans la France périphérique contribuent à la recomposition sociale des milieux populaires (...) et à la structuration de nouvelles classes populaires. » Ne restent alors dans les zones denses que les catégories intégrées à la globalisation et les immigrés des zones urbaines sensibles (ZUS). Les ZUS sont les sas d'entrée des immigrés récents dans les zones denses des métropoles qui leur offrent des emplois difficilement accessibles aux nouvelles classes populaires périurbaines. Le paradoxe est que les immigrés récents s'intègrent mieux à la croissance métropolitaine que les nouvelles classes populaires et l'on voit simultanément apparaître une nouvelle bourgeoisie d'immigrés intégrés en zones urbaines denses et une paupérisation croissante des nouvelles classes populaires. Même si Guilluy classe par excès près de 70% des communes françaises rassemblant 64% de la population dans la catégorie « populaires/fragiles », sans prendre en compte les nouvelles dynamiques rurales liées notamment à l'économie résidentielle[29], on peut considérer que la population des classes populaires actives ayant vocation à réintégrer les zones urbaines denses

---

[28] Voir « La France périphérique », op. cit..
[29] Voir les travaux de Laurent Davezies sur ce thème et notamment : La crise qui vient. La nouvelle fracture territoriale, Seuil, 2012.

concerne environ un cinquième de la population totale du pays soit 12 à 14 millions de personnes représentant environ 5 à 6 millions de ménages. Il faut donc intégrer à la planification urbaine la nécessité d'offrir plusieurs millions de logements dans des zones redensifiées au cœur des métropoles dynamiques en créant des écométropoles productives. Ces logements, dans des immeubles de 5 à 7 étages aux normes environnementales les plus strictes, seraient offerts en priorité aux nouvelles classes populaires actives afin de casser le phénomène actuel de leur rejet dans le périurbain pavillonnaire qui plus est antiécologique au sens où la multiplication des déplacements pèse sur le budget des plus pauvres au point de les étouffer. Il faut donc créer un nouveau groupement constructeur de HLI : habitations à loyer intermédiaire en zones urbaines denses. Les HLI, réservées aux actifs résidant sur le territoire depuis au moins dix ans, permettront de réurbaniser en zone dense les classes populaires actives afin de leur donner à nouveau accès à l'ascenseur économique et social.

Ajoutons que ces nouvelles classes populaires ont été deux fois victimes des politiques mises en œuvre depuis trente ans : d'une part, elles ont subi plus que d'autres les effets des trois erreurs de politique économique précédemment évoquées et, d'autre part, elles ont été exclues des logements HLM par des politiques favorisant systématiquement les nouveaux immigrés sur les classes populaires anciennement présentes sur le territoire. Pour arracher ces nouvelles classes populaires à la misère, il faut simultanément relancer la croissance et créer en urgence ce nouvel habitat HLI. C'est notamment au sein du

Grand Paris qu'il faut mettre en œuvre ce nouvel urbanisme métropolitain.

Grand Paris : passage à l'acte

Christian Blanc, Secrétaire d'Etat chargé du Développement de la Région capitale en poste de mars 2008 à juillet 2010, a inscrit ses réflexions dans le cadre conceptuel exposé précédemment et a donc imaginé une structuration du Grand Paris conduisant ce territoire à redevenir le moteur économique de la France en lui permettant de s'inscrire dans l'*iconomie entrepreneuriale*.

J'avais indépendamment contribué à cette réflexion par un rapport intitulé *Mobiliser les territoires pour une croissance harmonieuse*, commandé par le président de la République en janvier 2009, qui lui fut remis en juin 2009 et publié à la *Documentation française* en novembre de la même année. Ce rapport faisait suite à un autre rapport sur « les infrastructures nécessaires au renforcement du potentiel de croissance de la France » commandé en septembre 2008 et remis au président de la République en décembre 2008[30]. Plusieurs grands chantiers

---

[30] Dans sa lettre de commande officielle de janvier 2009, le président écrit : « Je vous remercie du rapport que vous m'avez remis sur les infrastructures nécessaires au renforcement du potentiel de croissance de la France. Elles sont très novatrices et ouvrent la voie à une stratégie structurée de programmation de ces grands investissements. J'ai donc demandé au Premier ministre d'engager une réflexion approfondie au sein du Gouvernement sur la mise en œuvre du rapport, en vue d'aboutir à des mesures très prochainement ». Voir le texte de cette lettre du 21 janvier 2009 dans le rapport précité, pages 5 – 6.

structurants ont été lancés sur la base de ce rapport dans la production d'énergie et les transports.

C'est dans les rapports de décembre 2008 et juin 2009 que je préconisais la mise en place d'une stratégie de développement métropolitaine favorisant l'essor d'un Grand Paris, d'un Grand Lyon et d'un Grand Marseille et d'un réseau métropolitain de villes « iconomiques ». Cette analyse a servi de support au développement des notions de *métropole* et *pôle métropolitain* dans la loi de décembre 2010 de réforme des collectivités territoriales. De nombreux *pôles métropolitains* sont en voie de constitution et de développement sur la base de cette loi. Même si le *pôle métropolitain* n'est pour l'instant qu'un établissement public constitué par accord entre des établissements publics de coopération intercommunale (EPCI) à fiscalité propre, il préfigure les nouvelles métropoles et réseaux métropolitains que la France doit constituer en urgence pour relancer sa dynamique de croissance[31]. Le *pôle métropolitain*, même dans sa forme actuelle, a connu immédiatement un succès politique majeur avec la création initiale du Pôle métropolitain Alès Nîmes comptant une population de 315 000 habitants dès novembre 2011, du Sillon lorrain (Metz-Nancy-Thionville-Epinal) de 1,2 million d'habitants créé en janvier 2012, du Pôle Strasbourg – Mulhouse créé en février 2012 comptant 730 000 habitants et plus de la moitié des emplois de l'Alsace, du G4 Pôle métropolitain créé en avril 2012 comprenant la

---

[31] Un nouveau pas a été franchi en faveur de l'affirmation du fait métropolitain avec la loi du 27 janvier 2014. Cette loi confirme la création de la métropole du Grand Paris et celle d'Aix-Marseille-Provence au 1er janvier 2016, ainsi que celle de Lyon au 1er janvier 2015.

Communauté urbaine de Lyon, Saint-Etienne métropole, Nord Isère et Pays viennois avec plus de 2 millions d'habitants, et notons-le à propos de ce pôle clé pour le développement de la France, 1 million d'emplois et 11 500 chercheurs. Depuis, de très nombreux pôles ont été créés ou sont sur le point de l'être, faisant du *pôle métropolitain* la création institutionnelle récente ayant rencontré le plus grand succès de toutes les novations institutionnelles non obligatoires depuis le début de la Ve République.

Si la métropole est une novation institutionnelle majeure, bien définir le périmètre, la gouvernance et les objectifs d'une métropole est décisif pour le succès de chacune. Or la métropole du Grand Paris en voie de constitution semble être le contre-exemple de ce qu'il est souhaitable de faire. Au lieu de construire une métropole de 12 millions de personnes incluant tous les pôles de développement du Grand Paris imaginés par Christian Blanc (voir ci-après), la loi de janvier 2014 sur l'affirmation des métropoles donne le jour à une mini-métropole aux fonctions éclatées. Créée officiellement le 1er janvier 2016, elle rassemblera Paris et les trois départements de la petite couronne (92, 93, 94) ainsi que les intercommunalités (Etablissements publics de coopération intercommunale, EPCI) constitués avant fin 2014 et comprenant au moins une ville située dans ces trois départements. Elle rassemblera 6,7 millions d'habitants mais se privera de tout le potentiel intellectuel et humain et des territoires des autres départements du cœur de l'Ile-de-France. Cette mini-métropole ne comprendra que 127 communes, un peu plus de la moitié de la population du vrai Grand Paris et moins de 6,5% de la surface de l'Ile-de-France.

Rappelons que l'Unité urbaine de Paris, défini par l'INSEE, comprend non seulement Paris et les trois départements de la petite couronne mais aussi près de 300 communes dans les départements 77, 78, 91 et 95, soit au total 412 communes et 10,5 millions d'habitants. Donc le périmètre du Grand Paris doit correspondre au minimum à celui de l'Unité urbaine de Paris et idéalement à celui du vrai Grand Paris stratégique. De plus, cette mini-métropole ne sera responsable que des questions de logement et d'environnement quand les questions de transport seront traitées par le STIF (Syndicat des transports de l'Ile-de-France) et le développement économique par la région. Enfin, Paris est sous-représentée dans le Conseil gérant cette entité car il sera composé de 25% de représentants du Conseil de Paris quand Paris compte un tiers de la population de l'ensemble. Cette mini-métropole aux fonctions éclatées est le pâle reflet du projet de Christian Blanc.

Christian Blanc avait, dans une vision stratégique inscrite dans l'*iconomie entrepreneuriale*, défini sept pôles de développement du futur vrai Grand Paris : un pôle financier et de services aux entreprises à la Défense ; un pôle de création dans la mode, le cinéma, la musique et la télévision à Pleyel, à proximité de Saint-Denis, Saint-Ouen et Aubervilliers ; un pôle de services aéroportuaire et de maintenance autour du Bourget ; un pôle de développement durable dans le quartier Descartes près de Noisy ; un pôle de centres d'exposition et de congrès autour de Roissy-Charles de Gaulle ; un pôle pharmaceutique et biotechs autour de Villejuif-Evry et un pôle de recherche avancée sur le plateau de Saclay. C'est pour réunir et féconder ces pôles de développement qu'il avait imaginé un système de métro automatique de grande ampleur et une amélioration des desertes routières et fluviales. Ce projet de métro a été validé par la loi de juin 2010 relative au Grand Paris. Mais dans l'esprit de Blanc, le projet de métro n'était qu'un des supports physiques d'un projet stratégique visant à faire du Grand Paris un acteur institutionnel intégré capable de mener des politiques de développement économique, scientifique, technique et urbanistique faisant de la Région Capitale un pôle d'attraction globale sur la planète.

Christian Blanc fut remplacé par Michel Mercier et Maurice Leroy. Trois centristes ont donc porté ce projet stratégique vital pour assurer l'avenir de la France. Ceux qui leur ont succédé sur ce dossier ont réduit cette vision stratégique inscrite dans l'*iconomie entrepreneuriale* à ce métro automatique que la ministre du logement en charge du projet à partir de juin 2012 voulait tuer à l'automne 2012, la même qui a cassé la dynamique de construction de logements en 2013-2014 au point de coûter 0,4 point de croissance au pays en 2014, selon les estimations du gouvernement lui-même. Il a fallu la volonté de Jean-Marc Ayrault, puisant dans son expérience d'excellent maire de Nantes avant son passage raté à Matignon en 2012 - 2013, pour préserver ce projet de métro qui prendra le nom de Nouveau Grand Paris Express. Dans sa décision rendue en mars 2013, J-M Ayrault a annoncé la réalisation de ce projet de 200 kilomètres de voies et 200 gares d'ici 2030, les trois-quarts du réseau étant mis en service en 2025 si tout va bien. La Société du Grand Paris, en charge de la réalisation de ce projet, a annoncé le 15 juillet 2013 l'engagement d'un investissement de 5,3 milliards d'euros pour réaliser les 33 premiers kilomètres de métro automatique entre Pont de Sèvres et Noisy-Champs avec un objectif de mise en service en 2020. Outre les 22,6 milliards d'euros devant être investis à l'horizon 2030 dans ce projet phare, 7 milliards de travaux seront réalisés sur le réseau existant sous forme de prolongations de lignes de métro, de lignes de tramways et de bus et de mise à niveau des équipements du RER. Manuel Valls a confirmé la réalisation de ce projet au printemps 2014.

Le maintien du projet de Grand Paris Express est évidemment une bonne nouvelle si l'on vise essentiellement à désengorger les transports en Ile-de-France et à désenclaver les territoires. Mais il ne peut prendre tout son sens que si l'on crée un vrai Grand Paris métropolitain au sens de l'analyse développée ici. L'enjeu économique et stratégique du vrai Grand Paris est décisif pour l'avenir de la France. La région de Paris est l'une des cinq régions économiques phares de la planète avec New York, Londres, Tokyo et la Silicon Valley. Mais Paris est en perte de vitesse par comparaison avec ses homologues. Sur la période 1990-2008, avant même la crise financière, la région de Paris a connu une croissance annuelle moyenne de son PIB de 1,95%, à peine supérieur à celui de la moyenne nationale (1,84%), alors que ses compétitrices ont crû beaucoup plus vite que Paris ou que la moyenne nationale de leurs pays respectifs[32]. C'est notamment dû au poids des transferts qui font que l'Ile-de-France atteint 30,5 % du PIB de la France mais seulement 23% du revenu national : Paris fait vivre le reste de la France à l'inverse de tous les préjugés archaïques qui prétendent le contraire.

_____

[32] Voir « Une nouvelle vision de la métropole parisienne » de Jean-Claude Prager, Futuribles n° 401, juillet-août 2014.

Cette formidable ponction empêche Paris de jouer son rôle de moteur économique du pays, tout comme Lyon, Marseille et nos autres grandes métropoles. De plus, le rendement économique de la recherche en France est très inférieur à celui constaté dans les pays développés : en termes de start-up créées pour chaque 10 000 chercheurs, l'Ile-de-France est à 12 quand les Etats-Unis sont à 100 ! Ainsi, l'Ile-de-France bénéficie de beaucoup moins de créations annuelles d'emplois venant des investissements étrangers que le Grand Londres.

Le Grand Paris potentiel pourrait donc être le fer de lance de la reconstruction *iconomique* et institutionnelle de notre pays. Il est urgent de le faire vivre en créant rapidement une gouvernance politique intégrée du vrai Grand Paris. Cette gouvernance doit mettre en œuvre les principes du nouvel urbanisme métropolitain qui s'impose et, notamment, être en pointe d'un développement massif de HLI.

Une nouvelle organisation politique du pays

Nous avons vu que la croissance *iconomique* se métropolise pour des raisons liées aux choix des acteurs de cette croissance. Plutôt que de lutter contre ces évolutions, il convient de les accompagner pour en tirer parti, d'autant plus que l'on peut imaginer un système métropolitain qui serait en phase avec le nouveau système productif qui a été proposé.

Il faut passer d'une vision départementale où chaque cavalier vit à moins d'une journée de cheval de sa préfecture, correspondant à la fin du XVIIIe siècle, à une vision métropolitaine où chaque créateur est à moins d'une heure de voiture d'un centre de services public-privé – véritables sources d'innovations et de financement –, en phase avec le XXIe siècle. Ces cités de l'innovation seraient intégrés dans un réseau d'accès à toutes les sources européennes et globales de R&D et à toutes les sources de financement, grâce à un nouveau système institutionnel constitué des *trois éléments clés de la reconstruction de notre pays* : un Etat stratège, des métropoles puissantes et des régions responsables du maillage du territoire par un puissant réseau de PME et d'ETI.

La vision départementale actuelle, mise en place en février 1790, et à peine modifié par les réformes ultérieures, doit laisser place à un nouveau système institutionnel qui devra devenir opérationnel le plus vite possible afin que, dès les prochaines élections locales nos territoires dans le nouveau monde issu de la troisième révolution industrielle. Si nous n'opérons pas nous-mêmes ce basculement d'un système institutionnel imaginé il y a 227 ans à ce nouveau système, conforme à la fois à nos traditions et à nos valeurs, le pays pourrait finir sous tutelle de la Commission européenne et sous contrôle du FMI, ce qui serait politiquement intolérable.

Dans une transformation sous notre contrôle, il faut concevoir le territoire français comme un ensemble territorial structuré par trois réseaux de villes :

• le *Grand Paris*, qui est potentiellement un *attracteur global de premier rang*. Un tel attracteur global se doit d'être un territoire disposant de quatre caractéristiques : des réseaux puissants de recherche et d'innovation comptant plus de 100 000 chercheurs ; une grande diversité d'activités et des systèmes de financement efficaces de PME en croissance opérant dans une véritable *iconomie entrepreneuriale* ; une densité maîtrisée assurant un équilibre entre espaces de production et de loisir ; une mobilité optimisée par une tarification d'optimisation des services rendus. Le Grand Paris produit 30,5 % du PIB français et ne reçoit que 23% du revenu national. Le *Grand Paris* peut seul prétendre au statut d'attracteur global en compétition avec le Grand Tokyo, le Grand Shanghai, le Grand Londres, le Grand Munich, la *Silicon Valley*, le Grand Los Angeles et le Grand New York. Mais le Grand Paris a besoin d'un pouvoir métropolitain organisateur qui construise son avenir à long terme, plutôt que de l'émiettement communal actuel qui produit l'impuissance.

• Deuxième réseau : les grandes *métropoles*, en nombre limité, qui doivent adopter une organisation en réseau stratégique. Si la France ne dispose que de 3 ou 4 métropoles de rang européen, elle peut souhaiter favoriser l'essor d'une quinzaine de métropoles ayant un poids significatif au niveau européen.

• Troisième réseau : un grand nombre, une cinquantaine au moins, de *pôles de rayonnement* couvrant l'ensemble du territoire (villes dont le centre dépasse 30 000 habitants et l'agglomération 100 000 habitants). Ces « métropoles de rayonnement local » ont pour mission de réintégrer les populations rurales dans la croissance métropolitaine.

Chaque métropole ou ville appartenant à ces trois réseaux devrait mettre en œuvre un projet stratégique s'insérant dans un projet national permettant à la France de triompher dans l'*iconomie entrepreneuriale de fonds propres*, en renforçant sa compétitivité internationale et en attirant tous les créateurs. Chaque projet métropolitain doit bien évidemment être cohérent avec les projets stratégiques nationaux et régionaux. Ces projets doivent inclure des volets de financement du développement de nos PME ainsi que le développement de capacités de R&D et d'enseignement supérieur locales.

Le mouvement de regroupement des communes et intercommunalités, en pleine accélération depuis une dizaine d'années, devait conduire à faire émerger environ 1 270 intercommunalités regroupant les 36 000 communes françaises au 1er janvier 2017. Ce chiffre, qui résulte de la façon dont ce mouvement de concentration est mené par les préfets, est vraisemblablement un peu bas. Un calage prenant en compte les écarts de densité entre territoires pourrait conduire à porter ce nombre à 1 300 à l'automne 2017. Ces intercommunalités, notamment après recalage, recoupent ou recouperont assez largement la carte des bassins de vie, ces derniers étant définis par l'INSEE comme les territoires tels que plus de 80% de leurs habitants y vivent, y travaillent, s'y forment, s'y soignent et s'y divertissent. Ces nouvelles intercommunalités sont la brique de base de reconstruction des institutions politiques et administratives du pays. Les intercommunalités peuvent prendre le nom de communes métropolitaines et servent de point d'appui à la réforme du système de santé.

Afin d'entrer dans la métropolisation en cours, le système communal est réorganisé en passant l'élection directe des exécutifs communaux au niveau des intercommunalités, les communes devenant des subdivisions des intercommunalités. Nous conservons 36 000 communes de proximité mais les budgets et décisions interviennent dans les 1 300 nouvelles intercommunalités ou *communes métropolitaines*. Tous les syndicats intercommunaux sont fusionnés dans ces intercommunalités. On améliore fortement l'efficacité de l'action locale tout en économisant au moins un point de PIB de dépense publique. Cette mesure est complétée par une incitation forte, via une dégressivité de la DGF (dotation générale de fonctionnement), *à fusionner les départements* pour en réduire le nombre à 50. Cette politique, avec une rationalisation des achats, permet d'économiser annuellement 10 à 12 milliards d'euros à la fin du prochain quinquennat.

La quinzaine de métropoles nationales aux pouvoirs renforcés fonctionnent en réseau avec les 1 300 communes métropolitaines au sein des régions. *L'Etat stratège assure la cohérence des plans de développement métropolitains et régionaux* et contribue au financement des investissements structurants. Les fonctions départementales sont assurées par les métropoles sur leur périmètre, tandis que les 50 départements, agissant en dehors des métropoles, jouent un rôle clé dans l'identité et l'animation des territoires.

Si l'on envisage de créer un réseau de 70 à 80 métropoles de différentes tailles et 1 300 communes métropolitaines alors que l'on s'organiserait pour favoriser l'essor d'un CAC 400 de grands groupes industriels et de services, de 10 000 ETI et de 50 000 PME de plus de 50 salariés, il est clair que l'on pourra réaliser un maillage territorial de ces nouvelles entreprises pour donner vie à ce triple réseau métropolitain. Dans chacun des pôles de rayonnement, il faut créer des *Cités de l'innovation et du financement* qui mettraient à disposition de tous les créateurs de richesses économiques, mais aussi sociales et culturelles, tous les moyens pour approfondir leur projet dans un contexte européen et pour trouver les financements appropriés. La France des années 1960 et 1970 avait développé un réseau de cités administratives, qui perdure dans nos villes de province, et qui correspondait à un système hiérarchique fonctionnant dans une société fermée. Il s'agit de développer des *Cités de l'innovation et du financement* correspondant au monde ouvert et en réseau des années 2020 et 2030.

Ces métropoles sont les réceptacles de la croissance durable au service de laquelle est tournée la troisième révolution industrielle qui ouvre les portes aux énergies renouvelables, aux *cleantechs* et aux systèmes industriels économes et résilients. Il faut concevoir les métropoles modernes comme des EcoMétropoles de production. L'*EcoMétropole de Production* doit allier productivité, efficacité, diversité et mobilité au service d'une mixité fonctionnelle et sociale qui assurera sa réussite[33]. Elle doit attirer en son sein les chercheurs, les investisseurs et les capitaux-risqueurs et tous ceux qui veulent produire des biens et services et des œuvres culturelles et sociales. Tous les producteurs doivent y trouver leur place, quel que soit leur niveau de qualification. Ces métropoles organisent leur densité urbaine et productive autour des réseaux de transport collectifs en sorte de promouvoir des villes à énergie positive, c'est-à-dire des villes qui produisent plus d'énergie qu'elles n'en consomment. Ces EcoMétropoles sont divisées en zones urbaines et productives (ZUP) intégrant emplois et habitat, ces ZUP étant divisées en écoquartiers dans lesquels les déchets des uns font l'énergie des autres.

---

[33] De même qu'il ne sert à rien de penser le quartier en dehors de la politique stratégique de développement de la métropole, il est inefficace de penser la politique stratégique métropolitaine sans la décliner au niveau des districts urbains.

Il s'agit d'inventer un modèle français d'urbanisation durable favorisant l'essor de nos PME et ETI afin qu'elles deviennent compétitives sur les marchés européen et mondial et qu'elles offrent des opportunités d'accomplissement à tous les travailleurs[34]. Nous avons les meilleurs architectes et groupes de construction au monde et la France peut et doit inventer la métropole durable du futur.

Ce système métropolitain, qui sert d'écosystème accueillant le développement du système productif proposé ci-dessus, doit être organisé et rendu cohérent par un *Etat stratège* gérant les intérêts du pays à long terme. Alors même que la dépense publique doit baisser significativement en proportion de la richesse produite, il faut renforcer la capacité d'action à long terme de l'Etat dans le cadre d'un plan d'action national élaboré avec les forces vives du pays, approuvé par le Parlement et mis en œuvre par une Haute Autorité dotée de moyens adaptés à l'ampleur de la crise.

*

Comment l'Europe peut-elle faire face à ces mutations ?

---

[34] Alors que les activités internationalisées, qui prennent leur essor dans l'EcoMétropole de Production, sont à forte valeur ajoutée et souvent fortement rémunératrices, les activités pour le marché local permettent d'employer des masses considérables de travailleurs ayant une productivité faible ou moyenne. Grâce à la planification stratégique menée au sein de l'EcoMétropole de Production et à la cohérence des systèmes de vie et de production au sein des districts urbains, ces travailleurs bénéficient de gains de productivité qui leur redonnent toute leur place dans la société moderne que l'on veut construire.

IV - L'Europe entre les Etats-Unis et la Chine, 2015-2050

L'Europe ne se fait pas dans le vide, mais au sein d'une économie mondiale en voie de hiérarchisation des puissances. Ce diagnostic est probablement le noeud central indépassable de l'opposition entre ceux qui veulent une Europe structurée pour qu'elle s'impose face aux autres grandes puissances mondiales et ceux qui souhaitent une Europe déstructurée, zone de libre-échange ouverte à toutes les ambitions. Et la France est elle-même soumise à cette hiérarchisation des puissances.

La hiérarchisation du monde

Dans l'ordre politique, la désintégration des derniers empires, notamment celui de l'Union soviétique, a semblé ouvrir une époque de triomphe final des individus et des droits de l'homme dans une démocratie libérale qui serait le modèle politique indépassable de l'avenir. Que la démocratie libérale soit le « meilleur » ou le « moins mauvais » des systèmes d'organisation d'une société libre est incontestable. Mais la démocratie libérale n'est pas un régime universel existant hors du cadre national : elle coexiste avec des volontés nationales affirmées. Le fait national pourrait continuer de dominer le fait démocratique, dans l'avenir prévisible, et les affrontements entre nations vont probablement empêcher la « fin de l'Histoire » pour longtemps. On peut même considérer que les années 1990-2015 sont une phase de transition entre le duopole stratégique soviéto-américain des années 1950-1990 et un duopole sino-américain dans les années 2015-2050.

Dans l'ordre économique, l'affirmation de l'ambition des nations et des grands groupes industriels et financiers se traduit par la concurrence fiscale et sociale entre les Etats et par des vagues de fusions-acquisitions d'entreprises.

On a longtemps considéré que les structures productives, l'organisation des marchés et les modes de fonctionnement des entreprises étaient le résultat d'une adaptation efficace des acteurs économiques à un ordre externe conditionné par l'environnement. Des acteurs économiques censés se conduire comme si les comportements des autres acteurs et les conditions des échanges étaient indépendants de leurs propres décisions.

L'économie industrielle contemporaine souligne au contraire que les acteurs économiques ne se contentent pas de subir leur environnement mais font tout pour le modifier par leurs actions stratégiques afin d'influencer leurs concurrents actuels ou potentiels. Les structures industrielles et les formes d'organisation sont autant le produit des stratégies délibérées des acteurs que des conditions de départ ou des règles du jeu.

La théorie du commerce international, quant à elle, considère même que les avantages comparatifs entre nations reposent sur des éléments partiellement contrôlables et que les politiques publiques peuvent influencer le processus d'accumulation du capital physique et humain, ce qui modifie à terme les dotations relatives en capital. La théorie de la croissance endogène va au bout de cette logique et vise à favoriser, par des politiques publiques adaptées, les investissements publics et privés dans les activités à rendement croissant ou à externalités positives. Une activité est à rendement croissant lorsque le doublement des facteurs de production conduit à une production plus que doublée. Une activité présente des externalités positives lorsqu'elle bénéficie à d'autres que ses auteurs : lorsque les forêts sont bien exploitées, elles produisent un revenu pour les forestiers et elles améliorent l'environnement pour tous.

Ce sont donc aujourd'hui tous les compartiments de la théorie économique qui admettent, en plein accord avec l'observation de la réalité économique mondiale, que les positions d'excellence technologique et économique s'acquièrent et que les avantages comparatifs se créent par l'action stratégique, au moins partiellement et de manière déterminante. Il suffit, pour s'en convaincre, de noter la transformation du Japon et des Tigres asiatiques (Corée du Sud, Hong Kong, Taiwan et Singapour) de pays sous-développés il y a quarante ans, en puissances technologiques et économiques majeures aujourd'hui. La transformation de la Chine en trois décennies est encore plus spectaculaire. Il faut également observer le renouvellement régulier au cours du temps des grands groupes *leaders* de l'économie globale pour y lire l'effet de stratégies et de volontés parfaitement identifiables qui s'affirment avec force.

Dans les économies de marché apparemment atomisées, transparentes et concurrentielles, opèrent ainsi des capitalismes d'acteurs, agissant à long terme, dont les stratégies conduisent à une hiérarchisation des économies nationales au sein de l'économie mondiale. Il faut donc insister sur les trois aspects de ce capitalisme organisateur de l'économie mondiale : les stratégies, les structures d'organisation et les structures de pouvoir.

C'est le jeu des stratégies et des structures de pouvoir qui détermine l'évolution du capitalisme moderne, industriel et financier plutôt que marchand. Les structures d'organisation déterminent l'efficacité du processus productif.

Le jeu stratégique est lui-même dominé par les formes de stabilisation des actionnariats, l'actionnariat stabilisé pouvant seul accompagner des stratégies de long terme permettant d'acquérir des positions d'excellence sectorielle. Le capitalisme industriel et financier qui domine la Triade (Etats-Unis, Union européenne et Japon) peut même, à condition de bénéficier de fonds propres importants et d'actionnariats stabilisés, changer la hiérarchie des avantages comparatifs pour s'approprier *les activités dans lesquelles la demande augmente plus que proportionnellement avec le revenu, le progrès technologique est rapide et la productivité du travail en croissance.* Ces trois caractéristiques sont notamment celles des secteurs de la *nouvelle économie*, qu'il s'agisse de l'industrie des ordinateurs et des logiciels associés, d'Internet, de la téléphonie mobile et des médias, et de beaucoup de biens durables à composition numérique croissante. Mais on retrouve ces caractéristiques dans les biotechnologies. Ces secteurs sont les seuls qui ont connu une progression significative de la productivité du travail au sein de l'économie américaine depuis le milieu des années 1990.

Pour résumer, l'économie-monde moderne, que l'on nomme économie globale, est formée de la Triade, de la Chine et des Tigres, plus quelques zones développées au sein des Nouveaux Pays Industriels (NPI), qui rassemblent 30% de la population mondiale et produisent 80% du PIB (produit intérieur brut) mondial en valeur de marché. Les autres pays se situent dans des degrés successifs de dépendance par rapport à ce premier cercle.

Le nouvel ordre mondial
Au sein du premier cercle, quatre pays apparaissent de plus en plus comme les têtes du *capitalisme global*. Les Etats-Unis sont l'hyper-puissance mondiale et produisent 21% du PIB mondial et plus du tiers du PIB de la *nouvelle économie* mondiale. La Chine est devenue l'usine du monde et assemble un quart de la production manufacturière mondiale, même si beaucoup des composants qu'elle assemble dans ses usines sont produits ailleurs. Le Japon contrôle la moitié du stock d'investissement direct dans l'ensemble de l'Asie et les entreprises japonaises apparaissent comme les « donneurs d'ordre » des réseaux de production asiatique. L'Allemagne, en dépit de sa faible croissance actuelle, est au centre d'une zone d'influence de 190 millions d'habitants au cœur de l'Europe.

L'Allemagne contrôle ou influence, par les stratégies de ses groupes industriels et financiers, plus de la moitié du PIB de l'Union européenne et près des deux tiers du PIB de la zone euro. Les groupes allemands sont puissants et influencent directement le développement économique du Benelux, de l'Italie du Nord et de l'Espagne par des flux de commerce et de sous-traitance.

La France est en marge de ces zones d'influence et ne contrôle ou n'influence que moins d'un quart du PIB de la zone euro compte tenu de la pénétration de son actionnariat par les entreprises ou les banques et compagnies d'assurance étrangères.

La notion de « contrôle » par un pays ne doit bien sûr plus s'entendre au sens militaire et administratif du contrôle d'un territoire par les Etats-nations comme ce que l'on pouvait observer au XIXe siècle et au XXe siècle jusque dans les années 1970. Les Etats voulaient alors affirmer leur **puissance directe** sur les hommes et les informations permettant d'allouer les ressources rares.

La révolution de la société de l'information et de la globalisation a instauré une économie en réseaux. Par contrôle américain, allemand ou japonais, il faut entendre contrôle par les réseaux industriels, financiers et politiques à dominante américaine, allemande ou japonaise ou dont les centres de gravité et les actionnariats sont majoritairement situés aux Etats-Unis, en Allemagne et au Japon. Le politique n'est qu'un élément de ce contrôle en réseaux, l'administratif et le militaire n'étant eux-mêmes comptés comme des éléments de contrôle qu'à la mesure de leur efficacité ou de leur rapport « qualité / prix » ou « efficacité / coût ». Ce sont les centres de décision du capitalisme industriel et financier qui sont aujourd'hui les éléments clés de ce contrôle en réseaux. La politique économique et stratégique des Etats consiste à mettre en œuvre un environnement juridique et fiscal et une accumulation de capital humain qui favorisent l'essor de ces réseaux. On peut créer le concept de **puissance indirecte** pour traduire l'évolution des formes de pouvoir et de puissance des Etats et des Nations résultant de l'avènement de la société et de l'économie globalisées en réseaux. L'objectif de la politique stratégique des Etats doit être aujourd'hui de se doter des moyens de la *puissance indirecte* qui est la seule forme de puissance adaptée au capitalisme global organisé en réseaux (politiques, capitalistiques et techniques) que l'on nommera *capitalisme global en réseaux.* [35]

---

[35] Les équilibres de domination dans l'économie mondiale triadique ne sont pas encore définitivement fixés. Mais le *capitalisme global en réseaux* prépare les hiérarchies futures car les marchés globalisés sont organisés par des acteurs poursuivant des objectifs stratégiques de domination. Dans l'économie-monde triadique en voie de hiérarchisation, l'association entre les centres de pouvoir économique et la vivacité des libertés politiques sera forte. En effet, les entreprises dominantes, dans un monde globalisé qui met les Etats en concurrence et les réduit à un rôle de producteurs de services concurrencés, imposent leurs modes de pensée et véhiculent la culture de leurs centres de pouvoir. Les démocraties formelles qui auront perdu le contrôle de leur capitalisme seront des coquilles politiques vides. Les libertés formelles seront maintenues ; mais à quoi rimeront les jeux politiques internes des pays qui auront perdu toute souveraineté économique dans l'économie globale en réseaux ? Les centres de recherche et de savoir seront concentrés progressivement autour des centres de pouvoir. La langue de travail, au moins pour les cadres de

Ainsi commence-t-on à vraiment comprendre l'opposition entre ceux qui souhaitent que l'Europe se dote des instruments politiques nécessaires pour se placer en bonne position dans l'économie globale en réseaux, et ceux qui pensent qu'un grand marché ouvert à tous les vents est l'avenir radieux qu'on peut souhaiter à l'Europe. Les premiers ont compris que la volonté des hommes et des nations détermine leurs places dans l'univers économique et politique de la planète. Les seconds considèrent que le triomphe de leurs concurrents est inscrit dans l'Histoire et que toute tentative pour influencer le destin n'est qu'une perte de temps.

Les peuples européens doivent choisir rapidement entre deux visions de l'Europe : « Communauté de puissance » ou « Communauté de souffrance ». Une Europe de libertés formelles, qui ne serait pas une communauté de puissance, ne sera qu'une coquille vide dont les règles de droit serviront d'instruments de conquête de ses marchés et de ses ressources humaines par les capitalismes américain et japonais, et demain chinois ou coréen.

Les Etats-Unis et la Chine ont choisi la puissance plutôt que la souffrance. L'Europe n'existe pas en tant qu'acteur stratégique. L'Allemagne sert de substitut à cette absence d'Europe. Mais la situation est malsaine et seul un rebond de la France la replaçant au centre des choix stratégiques européens

---

haut niveau, sera celle des centres de pouvoir. Les dominations seront d'autant plus discrètes qu'elles résulteront de hiérarchies économiques qui apparaîtront comme naturelles. La domination essentielle ne sera pas politique, s'exerçant sur des territoires ; elle sera économique et financière s'exerçant sur des marchés.

peut redonner à l'Europe une influence politique et stratégique sur les affaires du monde. Sur ces sujets, voir mon livre : « Relever la France : état d'urgence », Editions Odile Jacob, septembre 2016.

Conclusion

L'entrée dans la troisième révolution industrielle nous fait passer, depuis trois décennies, d'un monde 2.0 marqué par une deuxième révolution industrielle opérant essentiellement dans un cadre national avec une population qui n'est majoritairement urbanisée dans les années 1960 et 1970 que dans les pays développés, à un monde 3.0 marqué par l'*iconomie entrepreneuriale* globalisée, se déployant dans des métropoles modernes. La population des pays émergents s'urbanise à vive allure et la métropolisation de la croissance devient un phénomène global.

Observation n°16 : La politique des nations consiste de plus en plus à « donner envie » aux entrepreneurs, investisseurs et créateurs de venir s'installer sur un territoire plutôt qu'un autre, par l'élaboration d'un cadre fiscal, social, réglementaire et environnemental, à la fois stable et accueillant. La plupart des pays européens, sauf la France, ont parfaitement compris l'impératif du « donner envie » dans leur politique nationale. La France, elle, lutte frontalement contre la troisième révolution industrielle et son écosystème entrepreneurial dans lequel l'effort et la prise de risque ne sont pas rémunérés par un salaire mais par des plus-values éventuelles en cas de réussite des projets, et contre la globalisation, uniquement perçue comme une menace, en multipliant les impôts les plus spoliateurs et les règles sociales les plus rigides tout en organisant une instabilité suffocante de son environnement fiscal et social.

Si la France rame seule à contre-courant, les autres pays européens, dans leur course au « donner envie », sont en concurrence les uns avec les autres au point que la fiscalité du capital et des entreprises semble orientée à la baisse sans limite et que les règles sociales protégeant les travailleurs en Europe centrale sont incompatibles avec l'appartenance à une Union supposée construite sur un partage des souverainetés. Cette concurrence fiscale et sociale, alors que les niveaux de vie des pays membres de la zone euro divergent, contribue à l'impuissance stratégique de l'Union.

Observation n°17 : Au moment où le nouveau système technique bouleverse la hiérarchie des puissances tout en marginalisant l'Europe dans la constitution des nouveaux équilibres politiques et stratégiques mondiaux, s'impose l'évidence d'une France 2.0 qui lutte contre la troisième révolution industrielle au lieu de surfer sur la vague. D'une Europe qui n'est qu'une masse inorganisée en puissance : les 28 pays membres de l'Union européenne abordent séparément les grands enjeux stratégiques de la hiérarchisation du monde en cours, surtout après le vote du Brexit de juin 2016. La politique américaine, via l'OTAN et ses puissants capteurs de données militaires (réseau Echelon) et économiques et personnelles (Google, Apple, Amazon, etc.), est *de facto* le seul dénominateur commun des politiques stratégiques européennes. Le réseau Echelon désigne le système mondial d'interception des communications privées et publiques regroupant les Etats-Unis, le Royaume-Uni, le Canada, l'Australie et la Nouvelle-Zélande sous le contrôle de la NSA (National Security Agency) américaine.

Un nouvel ordre mondial naît sous nos yeux. La France doit transformer son modèle économique et social pour surfer sur la vague et retrouver prospérité et confiance en soi.Annexe 1

Percevoir la troisième révolution industrielle

La troisième révolution industrielle met ou mettra à notre disposition des robots programmables, des imprimantes 3D, des lasers, des organes de remplacement, des drones et des plateformes alliant biens physiques et services personnalisés.[36]

Le couple laser/informatique bouleverse la mécanique et permet d'usiner des pièces telles que des aubes de turbine de moteur d'avion ou des filtres à carburant. Ce même couple fait évoluer la chaudronnerie en permettant la découpe de profils variés dans la tôle tout en réduisant la consommation de matière. Des robots équipés de lasers usinent des objets dans les trois dimensions. Les drones équipés de laser permettent de désigner des objectifs. Mais le laser permet également de marquer les emballages et de lire des codes-barres, de soigner des lésions de la rétine en ophtalmologie ou d'améliorer le recyclage des déchets. Ces technologies photoniques sont développées dans des laboratoires publics (CNRS, CEA, LETI, etc.) et sont utilisées par des grands groupes (Thalès, EADS ou Safran) mais aussi par un millier de PME travaillant dans ce secteur. L'industrie française de la photonique concerne 50 000 emplois directs et 150 000 emplois indirects pour un chiffre d'affaires de plus de 12 milliards d'euros en 2012.

Les technologies 3D permettent de visualiser des avions ou des maisons à construire, mais aussi de modéliser la tête des personnes pour essayer des lunettes sur Internet, de produire des maquettes industrielles ou à usage personnel (visages en 3D sculptés dans des blocs de verre). Le marché mondial de ces

---

[36] Plusieurs exemples de cette section sont tirés de Lorphelin, op. cit.

technologies à base de logiciels est dominé par Dassault Systèmes, une des rares sociétés de ce secteur à avoir atteint une taille mondiale et à rester en France pour le moment. Mais la lourdeur de l'environnement fiscal et social français pourrait conduire cette entreprise à quitter le territoire sans modification rapide selon les déclarations de ses dirigeants en mars 2013.

L'interaction des logiciels et d'Internet permet de gérer des systèmes de production énergétique, des systèmes de gestion de déchets, voire d'intégrer tous ces systèmes entre eux pour assurer le développement d'écoquartiers et de métropoles économes en énergie. On peut mettre en place des systèmes d'effacement énergétique pour réduire les pics de consommation. Tous ces systèmes nécessitent des capteurs intelligents qui renseignent les logiciels d'optimisation des réseaux.

L'innovation écologique est accélérée par la technologie qui permet des bilans carbone instantanés, l'autopartage, le transport individuel public, la location entre particuliers, les services personnalisés à distance, etc.

Mais cette révolution réalisant des assemblages de biens et services transforme également notre environnement quotidien. Elle permet à l'automobiliste de connaître le parking le plus proche et de réserver une place. Plus généralement, on peut optimiser des déplacements, réserver dans des restaurants correspondant à ses goûts, faire des recherches sur un parc immobilier, créer de la publicité sur mesure, etc.

Une nouvelle accélération de ces évolutions se prépare avec l'*Internet des objets*, expression consacrée dans ce secteur, qui permettra de connecter 50 milliards d'objets à Internet en 2020[37]. Moteurs d'avion, ampoules, montres, vêtements ou objets de la maison, tout peut être équipé de capteurs envoyant des informations traitées pour l'action : visites de maintenance, rythmes d'usure ou défauts de conception exigeant des améliorations de produits, modalités d'usage, instructions à distance, etc.

Apparaît également l'*Internet des machines*, autre expression consacrée, qui permet de faire travailler ensemble les usines et machines des donneurs d'ordre et de leurs sous-traitants pilotées par des informatiques intégrées dans le cadre de systèmes logistiques également intégrés. Certains parlent alors d'*industrie 4.0*.

L'analyse des données, fortement consommatrice de mathématiques, est en progression fulgurante. Elle facilite par exemple l'achat en ligne et permet de cibler les besoins des consommateurs. Mais l'analyse des données peut prendre une « forme industrielle » dans le cadre du « big data » qui consiste à analyser des quantités « industrielles » de données produites par Internet (textes, images, sons vidéos, etc.) qui permettent de modéliser les comportements des clients et d'établir des corrélations entre ces comportements et des données objectives (dates de vacances, météorologie, données publiques sur les questions politiques, sociales ou religieuses, etc.). Selon Gartner, une société d'analyse des évolutions technologiques[38], les

---

[37] Selon Cisco, cité par *Les Echos*, 4 décembre 2012.

analyses sur « big data » devraient créer 4,4 millions d'emplois dans le monde d'ici à 2015 ! Les besoins n'ont pas été anticipés et nous allons devoir former annuellement des dizaines de milliers de spécialistes pour répondre aux demandes. Le profil de « data scientist », réunissant les compétences d'architecte de bases de données et de statisticien, sera à court terme en forte demande. La France est particulièrement bien positionnée, avec ses capacités en mathématiques et sciences de l'ingénieur, pour développer une expertise mondiale dans ce secteur à condition d'en faire un axe stratégique de développement. Le « big data » va être un formidable accélérateur de transformation des stratégies et des organisations des entreprises, la conception et la commercialisation des produits pouvant connaître des évolutions aussi rapides dans les dix prochaines années qu'au cours du dernier demi-siècle.

D'autres innovations spectaculaires sont opérationnelles et vont devenir d'un usage courant comme l'impression laser sur support souple qui permettra de fabriquer des produits électroniques organiques. On pourra, par exemple, intégrer de façon industrielle des capteurs de diagnostic médical dans des patchs miniatures cousus aux vêtements des patients afin d'assurer leur suivi à distance et en continu.[39]

L'impression 3D ne se limite pas au plastique et au métal mais permet de produire des tissus vivants et demain de la peau et peut-être des organes.

---

[38] Cité par Les Echos, 15 avril 2013.
[39] Voir Les Echos du 22 avril 2013.

L'automobile va connaître une mutation profonde avec la conduite guidée par ordinateur qui est déjà testée et qui pourrait être en vente avant la fin de la décennie.[40] Contrairement à une opinion largement répandue en France, les ventes annuelles d'automobiles et véhicules légers progressent massivement dans le monde. Elles devraient passer de 70 millions d'unités en 2010 à 90 millions en 2015 et 105 millions en 2020. Des progrès considérables sont en préparation dans les véhicules électriques mais aussi dans les moteurs classiques à très faible consommation (moins de 2 litres aux 100 km) et les véhicules hybrides. Les moteurs fonctionnant à l'hydrogène joueront un rôle croissant. Mais c'est surtout la conduite guidée par ordinateur qui va transformer notre vision de l'automobile. Cette dernière fait appel à tous les constituants de la troisième révolution industrielle : les ordinateurs, le guidage faisant appel à une multitude de capteurs et au GPS, la reconnaissance des formes et des obstacles, l'optimisation des systèmes en réseaux, etc.

Des ateliers offrant un outillage industriel moderne (imprimantes 3D, fraiseuses numériques, appareils à découpe laser, etc.) se sont ouverts en France, avec une accélération forte prévue dès 2015, en accès universel contre abonnement pour s'initier aux nouveaux outils de prototypage et de fabrication ainsi qu'aux logiciels de création 3D qui les pilotent. Ces ateliers inventés par le MIT sous le terme de 'fab lab' permettront aussi la fabrication de petites séries.[41]

---

[40] Voir The Economist du 20 avril 2013.
[41] Voir notamment Les Echos du 23 septembre 2014.

La contribution au PIB français des activités liées à Internet croit d'environ 14% par an et sa valeur ajoutée atteindrait 130 milliards d'euros en 2015, soit 6% du PIB, selon McKinsey. Mais Internet et ses applications ne représente qu'une partie de la mutation technique en cours qui transforme toutes les activités.

Etre connectés les uns aux autres et aux objets en permanence dans un monde sans limites, avec des capacités de traitement et de stockage des données en progression exponentielle, va transformer nos vies personnelle et professionnelle au-delà de ce que nous pouvons imaginer au cours des 20 prochaines années.

Annexe 2

La faiblesse de la robotisation en France

Les premiers robots industriels sont apparus en 1961. Les ventes annuelles mondiales de robots industriels ont atteint 166 000 unités en 2011, 180 000 unités en 2012 et devraient dépasser 205 000 unités en 2015. Les robots jouent un rôle clé dans l'automatisation et la flexibilisation des chaînes de production et favorisent les innovations de produits et services.

Alors que la France avait été à la pointe de la robotisation jusque dans les années 1990, elle est devenue un acteur marginal du secteur dans les années 2000 en dépit des capacités d'innovation de nos chercheurs dans ce domaine, l'essentiel de la minuscule production nationale étant assurée par des filiales d'entreprises étrangères. La production mondiale de robots industriels est aujourd'hui fortement concentrée : 60% au Japon, 13% en Corée, 11% en Allemagne et 4% pour l'Italie. La rupture est intervenue dans la deuxième moitié des années 1990 quand la France a tourné le dos à l'industrie et cessé d'être un producteur significatif de robots industriels, acceptant durablement un investissement en machines et équipements en pourcentage du PIB inférieur d'un tiers à celui de l'Allemagne (moyenne 1999 – 2012). Le pays s'est contenté d'un simple renouvellement des machines en France tandis que tous les investissements de capacité de nos industriels étaient réalisés à l'étranger, en cohérence avec l'orientation post industrielle et post travail imposée par les élites dirigeantes et la forte montée du coût du travail sur la période. La France n'a acheté, en moyenne annuelle, que 3 150 robots en 2011-2012, contre 4 800 en Italie et 19 200 en Allemagne. Nous achetons annuellement 1,8% des robots industriels vendus dans le monde quand nous représentons encore 4% de l'économie mondiale ! Pour combien de temps pèserons-nous ce poids si nous ne nous ressaisissons pas ?

En 2011, le parc de robots industriels était de 35 000 en France, 62 000 en Italie, 157 000 en Allemagne et 307 000 au Japon. Mais ce parc atteignait 124 000 en Corée du sud et 30 000 en Espagne. Par continent, le parc s'établissait en 2011 à 576 000 robots en Asie – Australie, 370 000 robots en Europe, 193 000 dans les Amériques – dont 185 000 en Amérique du nord – et 2 500 en Afrique. L'Asie concentrait 50% du parc mondial en 2011 avec des taux de progression annuel hors Japon 10 fois plus rapide que dans le reste du monde industriel. Parmi les 5 grands pays industriels, la France est le pays combinant le parc le plus faible et le rythme de progression le plus faible !

Rapporté au nombre d'employés du secteur marchand, le taux de robotisation apparaît moins catastrophique puisque, pour 10 000 employés, il s'élève à 84 en France et 125 en Allemagne en 2012. Mais c'est une illusion d'optique qui reflète surtout le faible nombre d'employés du secteur marchand en France par rapport à l'Allemagne !

Compte tenu du faible renouvellement des robots dans notre pays, leur durée de vie est plus longue et leur obsolescence plus prononcée qu'ailleurs. Les usines françaises ont un taux de 120 robots pour 10 000 salariés contre 260 en Allemagne et 160 en Italie et en Suède et 130 en Espagne[42].

---

[42] Voir « Relancer notre industrie par les robots » de Robin Rivaton, note de la fondapol de décembre 2012.

Une initiative robotique, logicielle et d'impression 3D

Nous avons vu que la troisième révolution industrielle nous fait entrer dans l'*iconomie entrepreneuriale* qui est *hyperindustrielle* et *hyperentrepreneuriale*. Deux industries jouent un rôle décisif dans cette évolution : l'industrie des robots et celle des logiciels. Nous utilisons le mot industrie au sens défini dans ce livre de production à base de processus normés et informatisés. Cette production industrielle moderne atteint 40% du PIB. Les robots jouent un rôle clé dans la production de la nouvelle économie. Or notre pays a pris beaucoup de retard dans ce domaine.

Pourquoi la robotisation de notre production est-elle un élément essentiel d'une stratégie visant à rattraper le au peloton des pays leaders de la troisième révolution industrielle ?

L'*iconomie entrepreneuriale* est une économie globalisée dans laquelle il faut combiner compétitivité prix et compétitivité innovation de produit. Or la robotisation de la production améliore ces deux formes de compétitivité. Les robots industriels contribuent à une forte hausse de la productivité globale des facteurs de production, à une baisse des taux de déchet, à une plus grande flexibilité de la production par séries de tailles variables facilement programmables et à une constance de la qualité de la production. Ils améliorent les conditions de travail en supprimant les tâches répétitives ou les manipulations de pièces lourdes. Ils facilitent le développement et la diversification des assemblages de biens et services qui caractérisent la troisième révolution industrielle. Une étude récente[43] montre une corrélation significative entre l'augmentation annuelle moyenne de la productivité par tête dans le secteur manufacturier et l'augmentation annuelle moyenne du nombre de robots par 10 000 employés dans le secteur manufacturier. Sur cette base, si la France adoptait un rythme de progression de son parc de robots comparable à celui de la Corée du Sud (12% par an), la productivité manufacturière progresserait de plus de 8% par an.

La robotisation ne concerne pas seulement les industries lourdes. Elle permet également des gains de productivité importants dans l'emballage et la logistique ; or l'industrie agroalimentaire allemande qui vient de passer devant l'industrie agroalimentaire française en termes de production est beaucoup plus robotisée que cette dernière.

Le prix des robots a été divisé par trois en vingt ans. Il faut toutefois noter que le prix d'un robot ne représente qu'un tiers à la moitié de l'investissement final car il faut inclure les études préparatoires, le coût d'installation, la programmation des mouvements et la formation des opérateurs. En élargissant le champ d'analyse de la robotique, de la conception à l'installation, le coût d'un robot représente moins du quart de la valeur ajoutée – 22% en Allemagne – de robotique, le reste concernant les études de besoins et celles de configuration et d'intégration dans les chaînes de production essentiellement par des personnels très qualifiés (ingénieurs et techniciens). Si la France triplait, et un peu plus, son rythme annuel d'installation de robots à 12 000 robots par an pour rattraper son retard dans

---

[43] Crédit Suisse Global Equity Research, *Global Industrial Automation*, 14 août 2012.

la troisième révolution industrielle, les créations d'emplois induites pour leur seule installation serait de plus de 25 000 postes. En faisant l'hypothèse raisonnable de deux à trois emplois à temps plein par robot installé, un tel effort d'équipement permettrait de créer 150 000 emplois industriels directs en 5 ans. Les emplois induits par le développement de notre industrie seraient de plus du double. La robotisation de notre appareil de production constitue donc un véritable enjeu macroéconomique de politique industrielle et de politique globale. Si, de plus, la part des robots industriels produits en France passait de 5% à 30% des robots installés en 5 ans, l'effet d'entraînement sur l'économie serait visible rapidement au niveau du pays. Et ce d'autant plus que seulement un tiers des robots installés en France le sont dans des entreprises de moins de mille salariés. Un triplement du rythme d'installation des robots conduisant à ce que la moitié de ces robots soient installés dans des entreprises de moins de 1 000 salariés, serait un élément clé d'une très forte hausse du nombre de nos ETI.

Or la France, qui dépense annuellement 700 milliards d'euros au bénéfice de sa seule protection sociale, n'attribue annuellement depuis seulement deux ans qu'une cinquantaine de millions d'euros à la robotisation de notre production lorsque l'on fait la somme de tous les dispositifs qui contribuent à informer, sensibiliser et financer les entreprises pour qu'elles s'équipent en robots (aide à la réindustrialisation (ARI), Robot Start PME, etc.).

En mars 2013, le gouvernement a annoncé un mini plan d'aide, non pas à la robotisation de la production, mais à la robotique de service à usage personnel et professionnel. Il s'agit essentiellement de reprendre et rediriger des financements existant selon un plan intitulé « France Robots Initiative » que la *Fabrique de l'industrie* a résumé dans une note : « Une goutte d'eau face aux efforts consentis par les Etats-Unis, le Japon ou la Corée...[44] ». Il s'agit notamment de faire des recherches en « cobotique » (robotique collaborative permettant de faire cohabiter humains et robots).

Basculer 0,5 milliard d'euros annuel de la protection sociale vers la robotisation de la production contribuerait à réduire massivement le chômage, le déficit commercial et le déficit budgétaire. Il faut créer un « fonds robotique et automatisation » qui devrait aussi financer la consolidation de la filière d'études et d'intégration des robots dans la production pour faire émerger des sociétés d'ingénierie puissantes qui faciliteraient l'augmentation de la production nationale de robots. Les Etats-Unis, le Japon ou la Corée du Sud ont tous adopté des stratégies volontaristes de robotisation de leur production.

Si la robotique industrielle est un élément clé d'une stratégie de réindustrialisation, l'industrie du numérique en est une autre, compte tenu du rôle particulier de l'informatique dans la troisième révolution industrielle.

L'industrie numérique au sens strict (conseil et édition de logiciels), qui a atteint un chiffre d'affaires de 49 milliards d'euros en 2011, emploie directement environ 370 000 collaborateurs. Le nombre d'informaticiens tous secteurs

---

[44] Voir « Un plan pour la robotique » de Frank Barnu, note de la Fabrique de l'industrie du 8 avril 2013.

confondus est de l'ordre de 600 000, soit environ 2,5% de l'emploi salarié. L'industrie numérique au sens large emploie directement et indirectement 1,2 million de personnes en 2013, soit 5% de l'emploi salarié.

En 2012, l'activité numérique au sens strict (conseil et édition de logiciels) se décomposait de la façon suivante : 61% dans le conseil et services informatiques, 21% dans l'édition de logiciels et 18% dans le conseil en technologies. Cette activité représente deux fois le chiffre d'affaires de l'industrie pharmaceutique et deux fois l'emploi de l'industrie aéronautique et spatiale. La croissance de l'industrie numérique au sens strict a été 4,5 fois plus rapide que celle du PIB depuis 25 ans, ce qui illustre le rôle particulier de l'informatique dans la troisième révolution industrielle.

L'informatique concerne les machines – *hardware* – et les systèmes de logiciels – *software* – qui les font fonctionner. Si une stratégie de réindustrialisation suppose qu'un pays soit capable d'être présent dans la course à la fabrication d'ordinateurs très puissants qui ne sont pas en vente libre, c'est surtout la capacité d'être à la pointe de la production des systèmes de logiciels et de toutes leurs applications qui est au cœur d'une stratégie de renaissance, conjointement avec la robotisation de la production dont le succès dépend de l'intégration des robots dans les systèmes informatisés de production.

Disposer d'une puissante industrie du logiciel est donc un élément clé de la compétitivité des nations dans l'*iconomie entrepreneuriale*. La vente des logiciels évolue rapidement de la vente de licences vers la souscription à un abonnement qui lie l'utilisateur à l'éditeur et permet à ce dernier de mieux contrôler l'usage des ordinateurs de l'utilisateur. Etre un acteur puissant du logiciel est un élément clé de l'indépendance nationale.

Si l'industrie française du logiciel est en évolution rapide, elle reste fragile, seuls 9 éditeurs ayant un chiffre d'affaires dans l'édition (ne prenant pas en compte les autres activités) supérieur à 100 millions d'euros et 22 un chiffre d'affaires supérieur à 50 millions d'euros en 2011. Selon le panorama Top 250 des éditeurs et créateurs de logiciels français[45], le chiffre d'affaires de l'activité édition pure des 408 éditeurs est passé de 5,9 milliards d'euros en 2009 à 7,4 milliards d'euros en 2011, la progression en 2012 étant très faible. Les éditeurs sont installés aux deux-tiers en Ile-de-France et Rhône-Alpes (respectivement 53% et 13%), ce qui illustre bien le phénomène de métropolisation de la croissance. La profession employait 45 000 personnes en 2011 (14% en R&D) et réalisait 23% de son activité à l'export en 2011. L'activité d'édition s'effectue à 53% dans l'édition sectorielle (spécialiste d'un secteur ou d'une profession), 30% dans l'édition horizontale (non spécialiste d'un secteur) et 17% pour les particuliers et les jeux.

Si la France veut être un leader de la troisième révolution industrielle, elle doit se fixer comme objectif de tripler rapidement le chiffre d'affaires de l'activité d'édition de logiciels en prenant les dispositions fiscales appropriées et en organisant un système de financement adapté.

---

[45] Septembre 2012.

Outre la robotique, l'informatique et l'édition de logiciels, il faut prendre la mesure de l'impression tridimensionnelle (3D). C'est une technique de production additive actuellement développé pour le prototypage rapide. Elle permet de produire un objet en déposant des couches de matière l'une sur l'autre (en utilisant le plastique, la cire, le plâtre, la poudre de métal, etc.) en fonction d'un programme écrit grâce à un logiciel de CAO (conception assistée par ordinateur). Cette technique permet de produire des biens industriels (pièces, objets d'un seul tenant, etc.), des maquettes architecturales, voire des biens de consommation. Certaines équipes travaillent notamment sur l'impression de nourriture ! Avec cette technique, le poids relatif dans le processus de production entre équipes produisant les logiciels de fabrication et la main d'œuvre d'exécution est radicalement modifié. Lorsque cette technique sera complètement maîtrisée, elle pourrait contribuer à une relocalisation partielle de la production. Notons que cette technique a été inventée en juillet 1984 par un ingénieur français, Jean-Claude André, avant d'être brevetée aux Etats-Unis par Charles Hull en 1986 et mise au point au MIT (Massachusetts Institute of Technology) en 1997[46]. Elle est déjà en usage dans les industries aéronautique, automobile, les cabinets de *design*, les artistes, etc.

Au total, il faut adopter une stratégie volontariste visant à organiser une montée en puissance rapide de nos industries robotique, informatique et d'édition de logiciels et à favoriser le rééquipement de notre système productif en robots industriels modernes et en imprimantes 3D afin d'améliorer simultanément

---

[46] Voir *Le Monde* du 6 avril 2013.

notre compétitivité coût et notre capacité d'innovation de produit. Les sommes nécessaires pour accélérer la modernisation et le redéploiement de notre économie dans cette direction sont relativement réduites, de l'ordre de 1,5 à 2 milliard d'euros par an pour une initiative robotique et logicielle avec un volet d'impression 3D, par rapport aux créations massives d'emplois qualifiés qu'on peut en attendre.